KB267082

무슬림의 눈으로

무슬림은 어떻게 생각하고 느끼는가 이해하기

예영세계선교신서 ⑪

무슬림의 눈으로

초판 1쇄 찍은 날 · 2009년 10월 27일 ｜ **초판 1쇄 펴낸 날** · 2009년 10월 30일
지은이 · Dr. Don McCurry 외 공저 ｜ **옮긴이** · 전병희 ｜ **펴낸이** · 김승태
등록번호 · 제2-1349호(1992. 3. 31.) ｜ **펴낸 곳** · 예영커뮤니케이션
주소 · (136-825) 서울 성북구 성북1동 179-56 ｜ **홈페이지** www.jeyoung.com
출판사업부 · T. (02)766-8931 F. (02)766-8934 e-mail: edit1@jeyoung.com
출판유통사업부 · T. (02)766-7912 F. (02)766-8934 e-mail: sales@jeyoung.com

copyright©1997 by Center for Ministry to Muslims
Korean Translation Copyright © 2009 Jeyoung Communication

ISBN 978-89-8350-534-7(04230)
　　　978-89-8350-542-2(세트)

값 6,000원

■ 잘못 만들어진 책은 교환해 드립니다.
■ 본 저작물은 저작권법에 의하여 한국 내에서 보호를 받는 저작물이므로 무단 전제와 무단 복제를 금합니다.

무슬림의 눈으로

무슬림은 어떻게 생각하고 느끼는가 이해하기

Through Muslim Eyes

Understanding How Muslims Think and Feel

Dr. Don McCurry 외 공저

전병희 옮김

무슬림의 눈으로

무슬림은 어떻게 생각하고 느끼는가 이해하기

목차

기독교인과 무슬림 간의 의사소통의 길은 종종 거칠고 막혀 있다. 대부분의 서구 기독교인들은 듣기보다는 말할 준비가 되어 있으나 사실 의사소통기술은 천천히 익혀 나가는 것이다. 우리의 의사소통을 증진시키기 위해 진정으로 필요한 것은 무슬림의 시각으로 세계를 바라보고 이해하는 것이리라. 이것이야말로 이 책자를 내게 된 이유이다. 무슬림의 렌즈를 통해 무슬림의 중요한 가르침과 가치들의 일부를 바라보고, 그럼으로써 기독교인들이 무슬림들을 진정으로 이해할 수 있도록 돕기를 원한다.

개인 시간을 할애하고 경험과 학식을 활용하여 이 출판을 가능토록 한 나의 몇몇 친구들과 동료들에게 고마움을 갖고 있다. 본서의 각 필자들은 '이슬람의 세계' 에 관하여 전문적인 연구가이다. 이들의 일부는 각자의 사역경험을 통해 기독교와 무슬림 사회 양측에 폭넓게 알려져 있다. 다른 이들은 좀 덜 알려져 있지만 무슬림들 사이

에서 그들 삶의 많은 부분을 보냈고 그들 친구와 이웃들에게 예수님
의 복음을 전한 사역자들이다. 이들이 진정 헌신적인 무슬림에 대해
깊은 존경심을 갖는 것은 놀랄 만한 일이 아니다.

나는 이 기사들을 통하여 무슬림에 대한 독자들의 이해를 증진시
키고, 신뢰하는 관계 형성을 통해 복음 전달에 열매가 더해 가기를
바라며 이 책을 출판한다.

Dr. Jim Bennett (CMM 디렉터)

제1장
이슬람의 탄생

이슬람의 탄생

_ Don McCurry

나의 이름은 압둘 무탈립으로 592년 메카에 있는 매우 부유한 한 가정에서 태어났다. 나의 가정은 두 가지 이유 때문에 부유해졌는데 그 첫 번째 이유는 나의 아버지가 시내에서 지도급 사업가들 중의 한 사람이었기 때문이다. 아덴의 항구에서 다마스쿠스의 고대 도시로 오는 대상이 우리 도시를 통해 곧바로 지나갈 때 그 대상은 우리 부족에게 그들의 모든 물품들에 대한 관세를 치러야 했고 낙타를 쉬게 할 마구간이 있는 우리 여관들에서 늘 며칠씩을 거주하며 보냈다. 두 번째 이유는 더 흥미로운 것으로 우리 도시는 아라비아 모든 부족의 순례 중심지였다. 메카를 둘러싼 언덕들 위에 위치한 작은 입방체 건축물은 카아바(ka' aba)라고 불렸는데 이 건축물 안에는 각 부족신을 대표하는 다양한 우상들로 가득 차 있었다. 다시 말하면, 모든 순례자들은 우리의 고객들이었다. 그들은 부적들, 주문들 그리고 성수(聖水)를 가지고 왔고 대상들과 마찬가지로 먹을 음식과

머무를 장소를 찾아야 했다. 나의 가족은 이 모두를 관리했던 것이다.

카아바의 모퉁이에는 하나님이 하늘로부터 보내온 한 아름다운 운석이 있었는데 이 돌은 신비한 힘을 갖고 있었다. 순례자들은 카아바(그들의 신들의 집) 둘레를 일곱 차례 걷고서는 이 축복의 특별한 돌에 입을 맞추고 만졌다. 어린 소년이었을 때 나는 그 돌이 벽으로부터 떨어졌던 때를 기억한다. 부족 지도자들은 그것을 제 위치에 다시 놓을 특권을 가진 사람이 누구인지 가리느라 시비가 붙었다. 이때 그 돌을 담요 위에 놓고 모든 부족 지도자들 각자가 담요의 모퉁이를 잡고 들어 올려 그 돌이 원래 있었던 올바른 위치에 놓도록 하자고 제안했던 사람이 있었다. 그는 무함마드라고 하는 젊은 청년이었다.

모든 사람들은 이 젊은 청년의 지혜에 감명을 받았다. 잦은 부족 간의 전쟁들로 많은 전사들이 죽어 우리 도시에는 남자들보다 여자들이 훨씬 많았다. 어떤 사람들은 여자 아기들이 태어나면 바로 사막에 떨어뜨려 매장시켜 버림으로써 이 문제를 해결하려고 했다. 그런 와중에 이 지혜롭고 젊은 무함마드는 그것을 잘못된 것이라 느끼고 자기의 생각을 말하였다. 그는 삶을 하나님으로부터 온 선물(gift)이라고 여긴 것이다. 그는 어린이들을 사랑했으며 그들도 그를 좋아했다. 무함마드는 상인들 중 가장 강력한 부족인 쿠라이쉬 부족(Quraysh) 출신이었지만, 그들이 돈을 사랑하는 것을 그는 찬성하지 않았고 빈자, 과부 그리고 고아에 대해 소홀히 대하는 것에 대해서도 찬동하지 않았다. 무함마드는 그의 모든 주어진 업무에 충실했으며 이러한 결과로 충성스러운 자(al-Amīn)라고 불렸다.

아마 무함마드에 대해 가장 주의를 끈 것은 그의 명상하는 성격이었을 것이다. 할 수 있는 한 언제든 그는 히라(Hira)산에 있는 한 서늘한 동굴로 물러가 명상을 하곤 하였다. 15살이나 연상인 부유한 과부 하디자(Khadijah)가 무함마드에게 청혼을 하였을 때도 무함마드는 하나님에 대해 그리고 곤경에 처한 아랍인들의 상태에 대해 더 많은 생각을 하고 있었다. 그는 기독교인들, 유대교인들과 많은 얘기를 나누었다. 그리고는 명상하기 위해 은신하곤 했다. 그런 와중에 그는 하나님이 아랍인들을 위해 어떤 일을 하시리라고 느꼈다.

무함마드를 괴롭힌 것은 사실 우리 모두를 괴롭힌 것으로, 우리 아랍인들은 보잘것없는 사람들(nobodies)로 천시를 받았다. 우리는 주변 지역의 힘센 이웃들 즉, 북서쪽으로 헬라 기독교인들, 북동쪽으로 조로아스터의 페르시아인들, 그리고 남쪽으로 부유한 유대인들에 의해 둘러싸여 있었다. 각 그룹은 그들 각자의 종교를 갖고 있었고 또한 그들의 '높은 하나님'을 믿었다. 반면에 우리 아랍인들은 지역의 '작은' 신들의 무리들이라고 여겨졌다. 다른 종교들은 모두 선지자들을 가졌는데 우리에게는 없었다. 이것이 우리를 또한 괴롭혔다. 내가 확신하건대 이것들이 무함마드의 마음을 무겁게 하였을 것이다. 그는 일신론주의자들이었던 쿠라이쉬 부족의 한 소수 그룹에 속해 있었는데 그들은 유대교인도 아니고 기독교인도 아니었다. 그들은 스스로 하니프(Hanīfs, 우상숭배에 반대하는 자들)라고 불렀으며, 아브라함의 종교를 따른다고 말했다.

어느 날, 무함마드가 히라 산에 있는 한 동굴에서 마음이 몹시 혼

돈된 상태로 돌아왔는데 후에 하디자가 우리에게 말해 주기를, 위대한 천사가 무함마드에게 나타나 그를 아랍 민족들의 한 선지자로 임명했다고 하였다. 이것은 610년에 일어난 일이었다. 무함마드는 삼년간에 걸쳐 많은 계시들(revelations)을 받고 우리시대 우상숭배를 포함하여 모든 사회악들에 대항하여 선포하기 시작하였으며 이를 우리와도 나누었다. 그래서 믿는 이들의 한 작은 그룹이 그의 주변에 형성되었는데 나도 그들 중의 한 사람이었다.

619년에 이르러서는 메카의 지도자들이 무함마드로 인해 매우 당황하기 시작했다. 무함마드가 그들의 우상숭배에 연결된 사당매매(shrine trade)를 공격했을 뿐만 아니라 메카 지도자들의 욕심과 부정직한 사업의 실체들을 드러냈기 때문이다. 622년에는 무함마드를 죽이기 위해 여러 음모들이 꾸며져 진행되었고 그 위협들은 우리를 거스르게 하였다. 당시 북쪽으로 200마일 떨어진 도시, 야트립(Yathrib, 후에 메디나로 불린)에서 온 아랍 다섯 부족의 지도자들이 무함마드에게 와서 그들과 같이 살자고 호소하며 그들의 원한을 완화시키고 그들에게 한 '하나님의 선지자'가 되어 달라고 요청해 왔다. 나는 앞서 보내어진 그들 중의 한 사람이었는데 곧 무함마드는 우리와 가담하게 되었다. 모든 사람들은 무함마드가 유일한 참 하나님(알라, Allāh)을 섬기는 데 전적으로 헌신되어 있는 것을 보았고 그에게 있는 지도자로서의 능력도 재빠르게 인식했다. 무함마드가 우리 모두의 선지자이자 지도자가 된 것은 이 야트립(메디나)에서였다. 그의 삶은 우리의 모본이 되었다. 무함마드는 자신이 받고 있는 말씀들이 알라의 보좌로부터 주어진 영원한 말씀임을 외쳤고, 알라의 신성한 지시들을 어떻게 지켜 살아가야 하는지에 대해 완전하고 최종적인 해석자가 되었다.

메카의 이방인들과 야트립의 우리 신자들 간에 팔 년간의 전쟁이 있었는데, 무함마드의 지도력 아래 결국 우리가 승리하였다. 메카는 무함마드에게 '알라의 선지자'로 복종하였고 카아바의 모든 우상들도 정화되었다. 이렇게 카아바를 제어함으로 무함마드는 역사상 처음으로 아라비아 부족들의 대부분을 연합할 수 있었다. 무함마드는 많은 개혁들을 이끌었는데 이는 높은 윤리적 종교의 차원이었다. 그것은 빈자에게 나눠 주라는 위임이었으며 과부와 고아를 돌보라는 위임이기도 하였다. 구속받지 않던 다신론이 통제 속에 구속되었고 여성들의 유산상속권이 허락되었으며 여자 아기가 더 이상 살해되지 않았다.

우리는 하루에 다섯 차례 기도했다. 금식은 네 달에서 한 달로 줄어들었다. 모든 이는 유일신 알라가 하나님이며 무함마드는 그의 선지자라고 고백하는 한 신조로 연합되었다. 최종적으로 무함마드는 이방의 순례 관습들을 정화했는데 순례자들로서 우리는 우리 조상 아브라함과 그의 부인 하갈 그리고 장자 이스마엘의 삶에 있어서 위대한 사건들을 기념하였다. 유대교인들과 기독교인들은 자주 무함마드와 논쟁하였는데 기독교인들은 하나님이 "세 분"이라 말하려고 애썼고 유대교인들은 이를 동의하지 않았다. 유대인들은 단지 유대인들만이 하나님의 선지자들일 수 있다고 논쟁하였다. 기독교인들과 유대교인들은 십자가형에 대해서도 논쟁하였는데 기독교인들 간에도 예수의 본질에 대해 논쟁이 붙었다. 이 모든 언쟁들 가운데, 무함마드에게는 최종의 한 종교로서 이슬람(복종, submission)을 설립하라는 말씀이 주어졌고 이를 시점으로 하여 신자들은 무함마드를 인류를 위한 최종 선지자로 여겼다. 그들은 알라에게 복종하고 무함마드를 알라의 메신저로 믿는 사람들이란 뜻에서 무슬림이라고 불리게 되었다.

초기에 나는 무함마드를, 아랍민족에게 아랍어로 오는 한 '계시'를 지닌 아랍인 선지자로서 하나님의 훌륭한 선물로 보았는데 점차적으로 그가 전 세계를 위한 선지자임을 깨닫게 되었고 코란(알라께서 천사 가브리엘을 통해 무함마드에게 주신 계시들)은 모든 인류를 향한 최종적 계시임을 깨닫게 되었다. 되돌아보면 우리 모두가 무함마드의 지도력 아래 새 삶을 시작하기 위해 야트립으로 이주한 때인 622년이 전환점이었다. 거기에서 우리는 무함마드가 가르친 모든 것을 실천할 자유를 가지게 된 것이다. 우리는 한 아랍 국가로서 조직을 갖추었다. 심지어 유대교인과 기독교인들도 무함마드의 통치에 복종해야 했다.

그런데 어느 날 무함마드가 갑자기 병으로 쓰러지자 우리는 엄청난 충격을 받았다. 며칠이 지나 그가 세상을 떠났는데 그 해가 632년이었다. 나는 이슬람이 그 없이도 생존할 수 있을까 하고 의아해했으나 바로 그의 가장 절친한 친구이자 장인이었던 아부 바크르(Abu Bakr)가 그의 계승자로 뽑혔고, 무함마드가 가르친 모든 것이 우리의 일상적인 삶 속에서 지워지지 않고 불타올라, 우리는 그가 가르친 것을 똑같이 실천에 옮겼다. 칼리프(계승자) 아부 바크르는 모든 아랍인들을 한 민족으로 더 강하게 통합시켰고 이슬람을 더 앞서 가게 하였다. 그리고 이슬람이 인류의 최종적이고 가장 위대한 종교로서 확고히 설립되게 하였고 더불어 동방과 서방을 휩쓰는 거대한 무력적 선교 캠페인을 착수케 하였다.

나는 이와 같은 때에 태어나서 모든 인간 중에서 가장 위대한 선지자 무함마드-아라비아의 선지자요 모든 인류를 위한 선지자인-를 통해 가장 최종의 그리고 가장 위대한 유일신 신앙의 표현인 이슬람의 탄생을 볼 수 있었던 것을 개인적으로 매우 행운이라고 생각한다.

●●●●●

본 글의 필자 Don McCurry 박사는 콜로라도 스프링스에 있는 Ministries to Muslims의 창설자였다. 그는 자신의 본 글에 대하여 다음과 같이 첨부하였다.

한 고참 선교사로서 나는 이슬람의 탄생을 묘사하기 위해 애를 쓰며 메카와 메디나에서 살았던 한 젊은 아랍인의 눈에 비친, 특히 610년에서 632년까지 그리고 그 이후 위기의 몇 해 동안 일어난 애기를 이렇게 써 보았다. 만일 위에 묘사된 사건들이 그 시대 메카와 메디나에 살았던 기독교인의 눈을 통해 기록되었다면 그 해석은 전혀 달랐을 것이다.

역자의 덧붙임

무함마드의 생애에 있어서 중요한 연대를 기억해 보자.

570 메카에서 무함마드 탄생

576 어머니의 죽음, 2년 후 조부의 죽음, 삼촌이 양자 삼음

595 15년 연상 하디자와 결혼

610 히라 동굴에서의 첫 계시(코란 96:1-5)

613 유일신 신앙 메시지 전파 시작

615 메카인의 핍박으로 일부 에티오피아로 피신(아프리카 첫 정착지)

619 하디자와 삼촌의 죽음으로 불안정

622 메디나 이주, 이슬람 종교와 월력 시작

623-628 성전(聖戰)들

630 메카 점령, 아라비아 반도 이슬람에 항복

632 메디나에서 이슬람의 믿음 체계와 실천사항 제정, 무함마드의 갑작
　　스러운 죽음

코란에 무함마드는 교육 배경이 없어 읽지도 쓰지도 못했다고 기록한다(7:157). 그럼에도 불구하고 그가 존경받고 지도자로 추대된 이유는 무엇일까?

알라에게 적용되던 성스러운 이름이 무함마드에게 주어지고, 전 세계 무슬림들은 예수 그리스도 대신에 무함마드를 축복과 기적을 베푸는 인물로, 그들이 따라야 할 완전한 모델로 바라본다. 그리고

그의 품행과 심지어는 옷차림과 세세한 것까지 모방을 한다. 무슬림은 무함마드를 죄가 없는 가장 위대한 선지자라고 믿지만, 실상 무함마드는 자신의 죄에 대해 주야로 알라의 용서를 구한다.

> 너는 하나님의 용서를 구하라. 정녕코 하나님께서는 가장 관대하시며 자비로우시니라(코란 4:106).
> 그러니 오 무함마드여, 하나님 외에는 신이 없다는 것을 알고 너의 죄와 믿음의 남녀 신자들의 죄를 위하여 용서를 구하라(코란 47:19).

그러면 무함마드는 과연 선지자인가? 무함마드에게 어떤 예언이라도 성취된 것이 있었는가? 신명기 18장 21-22절을 찾아보자.

제2장
하나님에 대한 무슬림의 시각

하나님에 대한 무슬림의 시각

_ Dale Fagerland

　무슬림의 눈을 통해 보는 하나님에 대한 견해는 명료하지 않다. 무슬림의 하나님은 스스로를 계시하지 않으므로 인식될 수 없다. 이는 하나님의 본질이나 실재가 인간의 이해를 초월하여 그들에게 동떨어져 있는데도 그들은 하나님의 속성이나 특성에 대하여 묘사하려고만 애쓰기 때문이다.

　하나님에 대한 무슬림의 견해는 또한 상반되게 해석될 수 있는 양면성을 띤다. 그들에게 하나님은 전적으로 멀리 떨어져 있는 분으로 인식되고 있는데도 코란에는 지극히 높은 하나님은 인간의 경정맥보다도 더 가까이에 계신다고 기록한다. 무슬림에게 하나님은 모든 것들을 알지만 그분 자신은 전적으로 알려질 수 없는 분이다. 하나님만이 그분 스스로를 아는 것이다. 인간이 하나님에 대해 무엇을 상상할 수 있거나 아니건 간에 그 상상한 것들과 그분은 다르다고 이해한다. 무슬림의 하나님은 인간과 같은 점이 없다. 만물을 창조하신 우주의 최고 통치자는 영원하시고 어느 것이나 어느 누구와도 같을 수 없다는 것이다.

무슬림은 세상이 하나님의 무한정한 힘에 의해 존재한다고 말하며 하나님의 전능하심을 믿는다. 하지만 그들에게 그분은 하늘에 계신 '아버지'는 아니다. 단 한 장을 제외한 코란의 모든 장(sūrah)들은 "은혜로우시고 자비하신 알라의 이름으로"라는 구절로 시작하지만 그분은 예측할 수 없는 분으로 인식되고 스스로 약속을 해야 하거나 지켜야 할 의무가 없는 분이다. 그래서 아무도 하나님이 하시고자 하는 것을 알 수 없다. 만일 그들이 알게 되면 그때는 하나님이 하나님일 수 없다. 결국 하나님만이 그분이 할 것을 아신다.

낙원은 그들의 하나님이 선택한 자들을 위해서 만든 곳이지만 심판 날에 하나님이 그들을 어디로 보내실지에 대해 무슬림은 확실한 지식을 갖고 있지 않다. 그들은 낙원에 혹은 지옥에 보내질지 확신이 없다. 단지 낙원에 가길 바랄 뿐이다. 그들에게 하나님은 길을 잃은 자를 이끄시고 인도하시는 분이며 전지하시고 선한 것과 악한 것 둘 다 그분이 바라는 무엇이든 절대적으로 행하실 수 있는 분이다. 유일신 하나님에 대한 믿음은 이슬람 종교의 근본 이념으로 세계 전역에 급증하는 이슬람 추종자들은 이슬람의 강령인 "알라 이외에 다른 신은 없으며 무함마드는 알라의 메신저이다(Lā 'ilāha illa Allāh, Muhammad rasūl Allāh)."라는 그들의 증거를 반복하는데 이것은 세계에서 가장 짧고도 자주 반복되는 신조이다.

이렇게 무슬림 신앙의 기본 바탕에 하나님은 절대적으로 유일하신 한 분인데 이 엄격하고도 유동성 없는 단일신론은 파트너에 대한 여지를 허락하지 않는다.

반면 하나님에 대한 이슬람과 기독교의 믿음 체계에 중요한 유사점들이 존재한다. 무슬림에게 하나님은 그분 홀로, 모든 존재하는 것들의 창조주이시며 소유주, 통치자로 다스리시는 주님이시다. 주권의 모든 속성들은 인류 운명의 주재이신 하나님 안에 존재하며 그분 홀로 신성의 모든 속성들을 소유하신다. 그분은 홀로 영원하시며 모든 다른 것들은 일시적이므로 인간은 기도 가운데 그분께 돌아와야 한다고 믿는다.

성경과 코란의 하나님 사이에 중대한 차이들은 무슬림과 기독교인들로 하여금 하나님과 인간 사이의 관계에 대해 대조적인 견해들을 품게 한다. 우리는 성경 진리의 요소를 표현하는 한 구절을 살펴봄으로써 하나님에 대한 이슬람의 개념과 인간에 대한 그분의 관계에 대해 통찰력을 얻을 수 있다. 무슬림의 눈을 통해 다음 문장을 주의 깊게 살펴보자.

> **<u>예수, 하나님의 아들</u>**이, 당신을 사랑하셔서
> 당신의 죄를 대신하여 돌아가셨다."

무슬림에게 이것은 상상도 할 수 없는 것이다.

하나님에게 한 파트너를 부여하는 것은 이슬람에서 'shirk'(다른 신들과 유일신 하나님을 결합시키려고 하는 이교사상)라고 일컫는, 극도로 용서받을 수 없는 죄를 범하는 것이다. 하나님과 다른 신들

을 연결하는 것은 코란에서는 참람하다고 보며 정죄한다. 예수가 하나님의 아들로 간주되는 것은 무슬림에게는 상상도 할 수 없는 일이다. 절대적이고 불가분한 하나님의 유일성에 대한 그들의 이해는 무함마드가 6세기에 아라비아와 중동에 살았던 이교도 기독교인들로부터 배운 삼위일체에 대한 잘못된 개념으로부터 비롯된 것으로 이교도와 다신교적 배경으로부터 온 것이다. 무함마드는 청년의 시기에 유대교인, 기독교인들과 많은 접촉을 하면서 한 하나님에 대한 믿음을 포함하여 많은 성경적 개념들을 배우게 되었는데 그때 기독교인 수도승들과 상당한 시간을 지낸 것으로 여겨진다. 그는 셀 수 없이 많은 그의 아랍부족 신들과 여신들을 완전히 거부하였으나 정작 모세, 아브라함 그리고 예수의 하나님에 대한 정보에 대해서는 혼동과 이해의 충돌을 겪게 된 것이다.

불행히도 그 이슬람 선지자는 삼위일체가 아버지 하나님과 어머니 마리아 그리고 아들 예수로 이뤄지는 것이라고 육체적인 관점에서 이해하였다. 난해한 신학적 질문들에 대한 대답을 찾던 젊은 무함마드는 하나님이 한 아들을 출산시키기 위해 일종의 성적인 결합을 했는가 하고, 이는 상상도 할 수 없는 것이라고 여겼다. 그리스도가 하나님의 아들이라는 것이 무엇을 의미하는지에 대해 무함마드가 가진 이성적인 추리는 다음 코란 112장의 구절에 반영되어 나타난다.

홀로 계시고 모든 간구를 들어주시는 알라이시니 그분께서는 낳지도 아니하시고 태어나지도 아니하시는 분이시며 그분에 비견할 자는 아무도 없다(코란 112:3-4).

삼위일체의 진실을 놓치면서 오늘날 우리 무슬림 친구들은 인간의 이성을 초월하는 신비인 하나님의 거룩한 신성이 존재한다는 것을 생각지 못하고 인간의 논리에만 빠지게 되었다. 무슬림은 아버지가 그 아들보다 더 나이가 많아야 한다는 이성적 생각만 한다. 코란은 분명히 선언하기를 예수는 동정녀에게서 난 마리아의 아들이다. 그러나 하나님의 아들이라고 하는 예수의 개념은 도저히 생각할 수 없는 것이다.

무슬림의 시각으로 같은 성경구절에서 또 다른 부분을 살펴보자.

> "예수, 하나님의 아들이, **당신을 사랑하셔서**
> 당신의 죄를 대신하여 돌아가셨다."

무슬림에게 이것은 연관성이 없다.

무슬림의 눈을 통하여 보는 하나님의 개념과 사랑의 개념은 서로 관련이 없다. 하나님과 인간 사이의 관계의 중대한 핵심은 오로지 신에게 자신을 내어 맡기고 복종하는 데에 있다. 주인과 종의 관계에 있어서 지배적인 요소가 무엇인가? 그 요소는 사랑이 아니라 주인에게 자신을 내맡기고 복종하는 것이다. 주인은 그 종의 행위를 칭찬할 수 있고 그들의 복종과 충성에 대해 보상함으로써 그들을 인정해 줄 수 있으나 그 종들은 그들 주인과의 개인적인 관계나 사랑은 기대하지 않는다.

만일 물어본다면, 의심할 여지없이 주인은 그의 종들을 사랑한다고 말할 것이다. 그러나 결코 그 사랑은 일방적으로 지배하는 양상을 보일 뿐이지 사실 그 주인은 늘 종들 위에 있다. 주인은 그의 종들에게 선물을 줄 수 있으나 결코 그 자신을 내어 주지는 않을 것이다. 그는 주인이지만 아버지는 아니기 때문이다. 군대의 장군과 병사들의 관계에 있어서 지배적인 요소는 무엇인가? 다시 그 질문에 대답하자면, 그것은 내맡김과 복종이다.

전쟁의 열기에 흥분해 있는 사령관이 과연 새로운 신병이 그를 사랑하는지 않는지에 대한 관심을 가질까? 보통 요구되는 것은 그의 명령에 대한 병사들의 복종이다. 상관은 그의 병사들의 공로를 치하하고 상을 줄 수는 있지만 그 자신을 내어 주지는 않는다. 그는 장군이지 아버지가 아니기 때문이다. 주인과 종의 관계와 군대의 장군과 병사의 관계는 기독교와 이슬람의 하나님의 개념에 대한 가장 중대한 차이를 나타낸다. 코란에서 하나님은 그분의 노예들에게 요구하는 주인으로서 나타난다. 반면에 성경의 하나님은 그분의 자녀를 초청하는, 하늘에 계신 사랑하는 아버지로 제시된다.

코란에서 인정(approval)이란 단어와 사랑(love)이란 단어는 의미를 바꾸지 않고 서로 대신하여 쓸 수 있다. 무슬림에게 하나님은, 그분의 뜻에 복종하고 그의 계명들을 지키는 사람들을 사랑하거나 인정하지만 자기를 계시하지 않는 분이다. 무슬림의 하나님은 지극히 높으신 분으로 그분의 율법을 나타내고 코란의 가르침을 통해서 명령한다. 그러나 무슬림에게 하나님은 전적으로 이해할 수 없는 분으로 그분의 본질을 나타내지 않는 분으로 이해된다.

이슬람(Islām)이란 단어는 신에게 오로지 자신을 내어 맡김(submission)을 의미하고 더불어 하나님께 복종함으로 오는 결과인 평화(peace)를 의미한다. 그리고 무슬림(Muslim)이란 단어는 하나님의 뜻에 복종하는 자를 일컫는다. 무슬림은 그들의 삶 속에서 하나님의 본질을 생각하기보다는 하나님의 율법에 자기를 내맡기려고 한다. 우리 무슬림 친구들은 하나님과 같이 되려고 애쓰는 것은 어리석은 것이라고 생각한다. 이 행위는 이슬람에서 가장 큰 죄 'shirk' 라 하는 용서받을 수 없는 죄에 근접한 것으로, 하나님과 자기를 비교하려고 하는 것과 동일하게 본다. 결국 무슬림의 삶의 핵심은 하나님을 아는 것이 아니라 하나님께 복종하는 것이다. 그분의 성품에 일치시키는 것이 목표점이 아니라 그분의 명령에 복종하는 것이다. 무슬림의 눈으로는, 하나님에 대한 개념과 사랑에 대한 개념은 서로 연관성이 없다.

우리 무슬림 친구의 눈을 통해 이 진술의 마지막 부분을 살펴보자.

> "예수, 하나님의 아들이, 당신을 사랑하셔서서
> **당신의 죄를 대신하여 돌아가셨다.**"

무슬림에게 이것은 사실이 아니다.

무슬림은 십자가형의 이야기가 기독교 공동체를 속이기 위해서 제시된 속임수였다고 본다. 그래서 하나님이 무함마드에게 최종 계시인 코란을 주신 주된 이유들 중의 하나는 잘못된 교리를 고치시려는 의도였다고 한다. 하나님은 결코 그분의 위대한 선지자 예수가 공개적인 십자가형의 수치스런 죽음을 당하도록 내버려 두지 않으셨다는 것이다.

무슬림은 하나님의 허락에 의해 예수가 기적적으로 탄생하였고 또한 초인적으로 하늘로 올려졌다고 믿는다. 그리고 복음의 결정적인 일면에 대해 부정하며 코란의 다음 장(sūrah)을 인용한다.

> 그리고 그들이 말하길 "우리가 하나님의 사도, 마리아의 아들, 예수를 죽였노라" 하였으니, 실로 그들은 예수를 죽이거나 십자가에 못 박지 못하였으나 다만 예수가 못 박힌 것처럼 보이도록 한 것이며, 이를 믿지 아니하는 자들은 분명, 그것에 대한 의혹의 상태에 있으며, 그들은 그것을 분명히 알지 못하고 다만 추측을 따를 뿐이며 또한 그들은 추측을 확인하지 못하였으니(4:157).

무슬림은 예수가 어떻게 십자가로부터 구출되었는가에 대한 여러 이론들을 갖고 있으나 그중 어느 것도 코란에 기록된 것은 없다. 가장 통상적 이론은, 은혜로우시고 자비로우신 하나님은 유대인들이 예수를 죽이기 위해 음모를 꾸몄던 것을 지켜보셨다는 것이다. 그래서 그분은 악한 자들이 그들의 계획을 재빨리 실천에 옮기기 전에 선지자 예수를 잡아채어 구해 낼 천사들을 급파하셨다. 그리고는 하나님이 유다(Judas)의 얼굴을 예수처럼 보이도록 만드심으로써 또 다른 놀라운 기적을 행하셨다는 것이다. 병사들이 예수를 체포하러

왔을 때 그들은 모르고 유다를 붙잡았다. 십자가에 매달린 사람은 유다였거나 혹은 죽음의 형벌을 당할 만한 다른 어떤 사람이었다고 무슬림은 주장한다.

또 다른 통상적 억측은, 사실 예수는 십자가상에 있었으나 실제로는 죽지 않았다고 하는 주장이다. 단지 죽은 것처럼 보였을 뿐이라 한다. 하나님은 그분의 자비 가운데 무덤에 있는 예수의 시신에 바를 특별한 고약을 제자들 중 한 사람에게 허락하셨다. 그래서 선지자 예수는 되살아났으며, 팔레스타인을 피하여 인도와 파키스탄 경계 주변 카슈미르(Kashmir) 지역으로 도주했다. 거기에서 그는 결혼해서 아이들을 가졌고 늙기까지 거기서 살았다고 본다.

여하튼 위에 언급한 코란의 장(sūrah)은 예수의 죽음을 부인하는 것으로 해석할 수 있다. 무슬림의 눈을 통하여 본 십자가형은 진실이 아닌 것이다. 기독교인이 믿는 이 성경말씀의 진술에 대해 무슬림이 어떻게 생각하는지 더 깊이 살펴보자.

> "예수, 하나님의 아들이, 당신을 사랑하셔서
> **당신의 죄를 대신하여 돌아가셨다.**"

무슬림에게 이것은 불필요하다.

무슬림의 눈에는, 죄 없는 자가 유죄로 죽는 것을 하나님이 요구하신다고 생각하는 것은 어리석어 보인다. 하나님 앞에서 아무도 다른 사람의 자리를 대신할 수 없다. 각 사람은 심판의 날에 하나님 앞에 서야 하고 홀로 하나님께 대답해야 한다. 선했거나 악했거나 간에 개인적으로 공적으로 행한 모든 행동이 무시무시한 그날에 드러날 것이다. 거기에는 하나님과 인간 사이에 중보자가 있을 수 없다.

무슬림에게 십자가는 인류가 잃어버린 것이 아니기에 불필요한 것이라 본다. 그러므로 무슬림 개인들은 구원자나 대속자를 필요로 하지 않고 차라리 인도를 필요로 한다. 그렇기 때문에 코란의 인도가 필요한 것이다. 개인은 본성적으로 죄인이 아니다. 아담과 이브가 죄를 범했으나 하나님은 결코 개인의 죄의 결과를 다른 사람의 책임으로 돌리지 않으신다고 보는 것이다. 무슬림의 눈에는, 연약성과 부주의가 인간의 조건을 특징 짓고, 사람들은 죄를 짓지만 그들은 타락한 것이 아니라고 믿는다. 코란에 하나님은, 사람이 하나님께 복종하는 데 있어서 그리고 하나님의 율법들에 일치 복종하는 데 있어서 자기 자신을 관리하는 데 필요한 모든 것을 부여하셨다. 그래서 무슬림들은 믿기를, 죄의 용서를 위한 피흘림은 전적으로 불필요하다고 본다. 무슬림에게 그리스도의 속죄는 불필요하다. 왜냐하면 악한 자들이 그들의 죄를 겸손히 뉘우치며 하나님께 구하면 하나님은 그들의 악한 행위를 용서하는 힘과 권세를 갖고 계시므로 그들이 용서를 받을 수 있다고 믿기 때문이다.

본 장에서 우리는 무슬림의 하나님에 대한 관점을 이해하려고 시도하였다. 관찰해 보건대 이슬람은 우주의 유일하시고 최고이신 하나님에 대한 믿음을 단언한다. 그러나 이 엄격하고 완고하고 경직된 일신교 신앙은 복음의 필수적인 메시지인, <u>하나님의 아들 예수가 당신을 사랑하셔서 당신의 죄를 대신하여 돌아가신 것</u>에 대해 고려하는 것을 훼방한다.

　우리 무슬림 친구들에 대한 메시지는 신약성경에서 명백히 보여주는데, 죄와 사망 그리고 모든 사탄의 권세를 이기는 최종의 승리는 십자가에서 얻어진 것이다.

　예수 안에서 당신은 하나님에 의해 용서받을 수 있고, 예수 안에서 당신은 하나님의 자녀가 될 수 있고, 예수 안에서 당신은 하나님의 영을 받을 수 있고, 예수 안에서 당신은 개인적으로 하나님을 알 수 있다. 그리고 예수 안에서 당신은 하나님 앞에서 영원을 보낼 수 있다.

제3장
예수는 누구인가?

예수는 누구인가?

_ Richard P. Bailey

"당신들이 믿는 것 이상으로 우리도 예수를 믿고 있소!"

이는 몇 해 전에 한 무슬림이 내게 한 말인데 이에 충격을 받고 그에게 무슨 뜻으로 한 말인지 물어보았다. 그는 대답하였다.

"우리 무슬림은 모든 선지자들을 믿으며 특히 예수를 가장 위대한 선지자 중 한 사람으로 존경하오. 그런데 당신들 기독교인은 예수를 보고 '하나님의 아들'이라고 하니 참람하지 않소! 그리고 그가 악한 자들에 의해 십자가에 처형되었다고 하니 예수를 불명예스럽게 하는 것 아니오!"

저 무지하고 난폭하게 들리는 진술은 예수에 대해 그들이 배운 대로 말하는 것임을 나는 안다. 불행하게도 그리스도에 대한 이슬람의 가르침은 여러모로 성경 메시지에 대한 무지를 조장하고 진실을 받아들이지 못하게 막는다.

사도 바울은 고린도에서 신자들에게 다음과 같이 전파하였다.

여러분은 왜 그렇게도 잘 속아 넘어갑니까? 어떤 사람이 여러분에게 우리가 전한 분과는 다른 예수를 설교하거나 또 여러분이 받은 성령과는 다른 영을 전하거나 여러분이 구원받은 것과는 다른 길을 가르치고 있는데도 쉽게 믿어 버리니 말입니다(고후 11:4, 현대어성경).

이슬람에서 말하는 마리아의 아들 '메시아 예수('Ïsā)'는 성경의 주 예수 그리스도와 판이하게 다르다. 그렇다고 해서 무슬림이 다른 사람에 관해 얘기하고 있는 것은 아니다. 단지 예수에 대한 그들의 가르침이 하나님 말씀의 가르침과 매우 다른 것이다.

사무엘 즈웸머(Samuel M. Zwemer)는 다음과 같이 언급하였다.

동방의 다른 성스러운 책들 중 어느 곳에도 그리스도가 언급되지 않는데 오직 코란에만 예수에게 위상을 부여하고 있다.[1]

하지만 <u>안타깝게도 이슬람은 우리 구세주의 삶, 인격 그리고 그분의 공적을 거의 고려하지 않는다.</u> 지난 40년간 무슬림 사역을 하면서 나는 무슬림의 통상적 믿음 체계에 대해 많이 배울 수 있었다. 그래서 이 즈웸머의 진술이 의미하는 바를 올바로 파악할 수 있다.

나는 본 글을 쓰기 위해 준비하면서 코란(Qur'ān)[2]과 더불어 무함

---

1) *The Muslim Christ*, p. 7 – 본 글 후미의 관련서적
2) "Koran"은 오래전에 쓰던 철자표기이지만 현대는 "Qur'ān"의 표기가 더 사용된다.

마드의 언행록인 하디스(hadīth) 전통집들 – 부카리(Bukhārī)와 무슬림(Muslim) 등의 모음집에서 예수에 대해 언급한 것들을 보았다. 만일 우리가 무슬림들로 하여금 예수의 참모습 그대로를 볼 수 있도록 돕고자 한다면, 그들이 예수에 대해 배워 온 것을 그들의 눈을 통해 보고 이해하려고 노력하는 자세가 중요하지 않겠는가!

우리가 그들을 이해하게 되면 예수께서 죽은 자들 가운데서 살아나셨고 하나님의 능력으로 많은 사람들을 치료하셨고 많은 기적을 베푸셨다는 것을 전하는 일에 두려움이 없을 것이다. 예수의 기적들에 대해 그들이 이해하는 것과 이해하지 못하는 부분을 알고서 예수께서 기적들을 베푸신 이유를 이해하게끔 돕기 위해 아래와 같은 성경말씀을 인용할 수 있다.

> 예수의 제자들은 이 책에 기록된 것 외에도 예수께서 행하신 수많은 다른 이적들을 보았다. 그러나 이것을 기록해 두는 것은 사람들로 하여금 예수가 하나님의 아들 그리스도이신 것을 믿게 하고 또 그분을 믿음으로써 그분의 이름으로 생명을 얻도록 하려는 것이다 (요 20:30, 31, 현대어성경).

더불어 우리는 예수의 부활이 인류를 향한 하나님의 위대한 계획 속에 있다는 것을 그들이 이해하게끔 도울 수 있다.

무슬림이 예수에 대해 믿는 것은 기본적으로 코란에 기초한다. 그러나 사실 이슬람은 코란에만 의존하여 세워진 종교적 시스템이라고 하기보다는 다른 출처들에도 기초를 두고 있다. 이 견지에서 우

리는 무슬림 학자들이 높이 존경하는 주석들과 무함마드의 전통집
(hadīth)들을 살펴볼 필요가 있다. 이 세 가지 주요 출처들을 공부해
보면 코란 자체가 분량 면에서 정보의 한계를 지닌 것을 알게 될 것
이다. 무함마드의 전통집에는 더 자세한 정보를 덧붙이고 있으며 코
란의 주석들이나 외경의 책들로부터 취한 것들은, 훼손되고 흩어진
분량을 포함하여 예수에 관하여 더 많은 정보를 소개한다.

코란에 의하면 마리아가 아기 예수를 갖기 전에 가브리엘 천사가
그녀에게 다음과 같이 말하였다고 한다.

천사들이 일러 "오, 마리아! 하나님께서 말씀을 통하여 아들의 기
쁜 소식을 네게 주시노라. 아기의 이름은 마리아의 아들 메시야 예
수이리니, 이 세상과 다음에 오는 세상 그리고 하나님께 가까이 있
는 자들로부터 영광되리라"(코란 3:45).

또한 예수는 다음과 같이 언급된다.

오, 성서의 백성들아! 너희의 종교의 영역을 벗어나지 말 것이며,
하나님께 진실 외에는 아무것도 말하지 말라. 진실로, 메시아, 마
리아의 아들 예수는 하나님의 사도였을 뿐이며, 마리아에게 주신
말씀을 충족시키심이었으며, 그분으로부터의 자비였노라. 그러므
로, 하나님과 그분의 사도들을 믿으며, "그분들은 세 분이오"라고
말하지 말라. 단념하라. 그것이 너희에게 더욱 좋으리라. 실로 하
나님만이 유일하신 신이시니, 그분께서 아들을 두셨다 함은 그분의

성스러움에 훨씬 미치지 못하는 것이니라. 하나님께로 지상과 천상의 모든 것이 속하노라. 또한 하나님께서는 수호자로서 충만하시니라(코란 4:171).

위의 45절은 예수가 누구인가에 대해 승인하는 것처럼 보이지만 사실 이 알라의 말은 요한복음 1장의 '로고스(logos)'가 아니다. 코란의 'kun'('Be!'의 뜻을 지닌 아랍어)은 단지 하나님이 마리아의 몸에 보통 인간의 수단 없이 기적적으로 임신케 하는 한 강령 혹은 명령이다.

···하나님께서는 원하시는 대로 만드시니, 사물을 정하실 때 그것이 "있으라" 하시니 그것이 있노라(코란 3:47).
정녕코 하나님과 함께 하는 예수의 경우는 아담의 경우와 같으니라. 하나님께서는 그를 먼지로부터 만드셨으니, 하나님께서 그에게 "있으라" 하시니 그가 있었노라(코란 3:59).

이슬람은 예수의 탄생이 그분에 대한 독특한 어떤 것을 나타낸다고 가르치기보다는 단순히 하나님이 또 다른 선지자의 삶을 통해 또 다른 기적을 행하시는 한 일면으로 하나님의 능력을 계시하는 것이라고 본다. 흥미로운 것은, 어떤 주석가들은 요셉을 마리아의 사촌으로 소개하지만 정작 코란과 하디스(이슬람의 전통)에는 요셉에 대한 언급이 없다. 어느 누구도 유다 종족에 예수를 연결시켜 언급하지 않는다. 마리아의 레위족 조상은 그녀를 '이므란('Imrān;

아론과 모세의 아버지)의 딸(Maryam; 마리얌)'이라 부른다.

또 이므란의 딸 마리아는 스스로 정절을 지켰느니라. 그래서 나는 나의 영혼을 그 속에 불어넣었느니라. 그녀는 주님의 말씀과 성서를 믿었으며 순종하는 자 중의 하나였느니라(코란 3:35; 66:12).

그리고 또 '아론의 자매'(sister of Hārūn)라 부른다.

"오, 아아론의 자매여! 그대의 아버지는 사악한 사람이 아니었으며, 그대의 어머니도 행실이 나쁜 여자가 아니었노라!"라고 하였노라(코란 19:28).

이슬람의 전통(하디스)은 예수를 세례 요한(아랍어 이름은 Yahyā)의 사촌으로 언급함으로써 레위족에 연결시키는 것을 더 깊게 강화한다(Bukhārī; Vol. IV; 640). 이슬람에는 마태나 누가의 복음서와 같이 마리아와 요셉의 가계에 대한 기록이 없어 예수의 조상 다윗의 보좌까지에 이르는 약속된 메시아의 주장에 대해 모르고 있다.
코란에는 예수의 족보가 없을 뿐 아니라 예수에 대해 이렇게 말한다.

정녕코 하나님과 함께 하는 예수의 경우는 아담의 경우와 같으니라. 하나님께서는 그를 먼지로부터 만드셨으니, 하나님께서 그에게 "있으라" 하시니 그가 있었노라(코란 3:59).

이슬람은 아담과 인류 사이에 어떠한 연결이 없이 한 지점에서 기적적인 존재(being)로 나타난 예수를 제시함으로 예수보다는 전능한 알라의 무한정한 힘을 보여 주려는 데 초점을 맞추려고 한다.

이슬람에는 '우리의 인간성을 나눈' 분인 '사람의 아들' 이란 예수의 존재(being)와 사탄의 권능으로부터 우리를 구원하러 온 '여자의 씨' 를 뚜렷이 분별하지 않는다. 예수가 동정녀 마리아에게서 태어난 유일한 이유는 알라가 그렇게 하도록 선택하였기 때문이라 한다.

이슬람의 전통(하디스)에 의하면, "사탄은 마리아와 그녀의 아들을 제외한 아담의 모든 아들을, 어머니가 아들을 낳을 때, 접촉하여 해친다."고 한다(Muslim; Vol. IV; 5838). 코란에는 예수의 어떤 실수도 언급되어 있지 않지만 하디스에서 예수는 죄는 없지만 약간의 실수를 범한 많은 선지자들 중 한 사람으로 여긴다.[3] 하디스에 두 개의 별난 부분이 있는데 이는 아담, 노아, 아브라함과 모세 각각의 허물과 잘못을 묘사하는 부분과 급기야는 무함마드의 전후 죄들을 언급하는 부분이다.

하디스의 기록에 의하면, 죄인들은 예수에게 어떤 죄나 허물, 잘못을 언급함이 없이 알라 앞에서 그들을 위해 중재할 어떤 사람을 찾고 있자 예수가 이렇게 말했다고 한다.

나는 당신을 위해 그것을 할 수 있는 위치가 못 되니 무함마드께

---

3) 하디스(*Muslim*; Vol. IV; 5840)에 도적질한 사람을 예수가 비난하는 부분을 말한다.

가는 편이 낫겠소(부카리, Vol. I; 373, 378).

한편 하디스에 무함마드는 그의 딸에게 다음과 같이 말하였다.

…오 파티마, 나의 딸이여! 네가 나의 재산으로부터 바라는 것이
있으면 요청하거라. 그러나 나는 너를 알라로부터 구원할 수는 없
으니…(부카리, Vol. VI; 277).

코란은 25회에 걸쳐 예수를 "마리아의 아들"이라고 부른다. 예수
는 아랍어로 "이사('Īsā)"라고 불리는데 26회에 걸쳐 나와도 그 이
름에 대한 설명이 없다. 비록 존재하는 여러 이론들이 있지만 그 이
름 'Īsā의 어원과 의미는 불확실하다. 예수의 히브리어 '야훼'(구원
의 의미)가 이슬람에서는 발견되지 않는다. 예수는 코란에서 여덟
차례에 걸쳐 "메시아"라고 불리지만 이 용어는 결코 설명되지 않는
다. 그래서 그는 단순히 "메시아, 이사, 마리아의 아들"이라 불리지
만 '하나님의 기름부음 받은 자' 나 '하나님의 구원'이 아니다.
　코란은 예수의 기적이 그의 어머니의 평판을 수호하고 그 자신을
선지자로 선포하기 위한 것이라고 말한다. 또한 그가 진흙으로 새를
만들고 그것에 생명을 주어 날려 보낸 것, 많은 병자들을 치료한 것
그리고 죽은 자를 살린 것 이 모두는 알라의 허락에 의해 이뤄진 것
이라고 기록한다.

　그리고 하나님께서 그를 이스라엘의 자손에게 사도로 보내 말씀을

보내시니 내가 너희 주님으로부터 징표를 가지고 왔으니, 내가 너희에게 새의 모양을 따라 흙으로 피조물을 빚어내어 내가 그 속에 새로운 영혼을 불어넣을 것이니 그것은 하나님의 말씀에 따라 높이 날아오르는 것이 될 것이니라. 그리고 내가 하나님의 말씀으로 야맹환자와 나병환자를 낫게 할 것이며, 그리고 죽은 자를 소생시키리라. 그리고 내가 너희에게 너희가 먹을 것과 너희가 너희의 집에 모아 둘 것을 알려 주겠노라. 정녕코 너희가 믿는 자들이라면 너희를 위한 징표가 그곳에 있노라(코란 3:49; 5:113).

예수의 기적들은 하나님에 의해 주어졌는데, 이스라엘로 하여금 하나님을 두려워하고 그분의 계명(코란 3:49, 50)을 따르도록 하기 위한 '징표들'(signs)로 주어진 것이라 한다. 그래서 그 징표들은 예수에 대한 어떤 것을 증명하려고 의도된 것이 아니다. 코란은 또한 하나님이 예수에게 '인질'(Injīl; 복음서에 대한 아랍어)을 주었는데 이는 하나님이 다른 선지자들에게 준 책들[모세에게 토라(Taurāt), 다윗에게 시편(Zabūr), 예수에게 복음서(Injīl) 그리고 무함마드에게 코란(Qur'ān)이 주어졌다고 코란에 언급하는] 중의 하나로 본다.

코란에 의하면, 하나님은 예수를 해하려고 애썼던 이스라엘 사람들로부터 그를 지켜 주었다. 하나님은 십자가에 매달려고 시도했던 그들의 음모로부터 예수를 구해 내어 하늘로 그를 들어 올렸다고 한다.

그리고 그들(유대인들)이 말하길 "우리가 하나님의 사도, 마리아의 아들, 예수를 죽였노라" 하였으니, 실로 그들은 예수를 죽이거나 십자가에 못 박지 못하였으나 다만 예수가 못 박힌 것처럼 보이도록 한 것이며, 이를 믿지 아니하는 자들은 분명, 그것에 대한 의혹의 상태에 있으며, 그들은 그것을 분명히 알지 못하고 다만 추측을 따를 뿐이며 또한 그들은 추측을 확인하지 못하였으니, 오히려 하나님께서는 예수를 하나님께로 높이셨으니, 하나님께서는 전지전능하시니라(코란 4:157, 158).

대부분의 무슬림들은 "그러나 그들에게 그렇게 보이게 만들었을 뿐이라"는 구절을 그대로 믿는다. 하나님이 유다를 예수처럼 보이게 하여 유대인들은 예수 대신에 유다를 십자가에 처형한 것이라 한다. 이러한 방식의 이해에 구원이 있을 수 있겠는가!

하디스는 예수의 재림에 대하여 말하기를, 하나님이 예수를 하늘로부터 다마스쿠스의 흰 미나렛(회교사원의 광탑)에 내려오도록 할 것이라 하며 이는 코란의 법으로 세상을 통치하고 심판하기 위함인데 모든 십자가를 부숴뜨리고, 모든 돼지를 죽이고, 무슬림 통치자들이 비무슬림들 보호를 위해 개인들에게 부과했던 과세(jizyah; capitation tax)를 중지할 것이라 한다(부카리; Vol. I; 657, 658; 무슬림; Vol. I; 287-292). 예수는 또한 적그리스도인 'Dajjāl' (false, lying의 의미인 아랍어)을 찾아 하나님의 뜻과 힘으로 죽일 것이다(무슬림; Vol. IV; 6924, 7015, 7023).

코란은 예수의 신성에 대해 반복하여 부정한다. 코란의 예수님은 하나님이 아니다. '하나님의 아들' 이 아니며 하나님의 '삼위일체' 의

한 부분도 아니다(코란 4:171, 172; 5:19, 75-78, 119, 120; 9:30, 31; 19:35). 예수는 단지 하나님을 위해 준비된 하나님의 '노예' 혹은 '하인' 일 뿐이다(코란 43:59). 사실 코란의 예수는 어느 누구도 그를 예배하는 것을 결코 요구한 적이 없다(5:119, 120). 코란에서 볼 수 있는 예수에 대한 초인적인 사건들은 하나님의 선지자들 중 그에 대한 어떤 특별한 의미를 부여하는 것은 아니다.

결론적으로 이슬람의 예수는 하나님도 아니고 우리와 같은 인간도 아니다. 하나님과 인간 사이 어디에 위치하는(?) 일종의 만들어진 전설적인 영웅(fictional Hercules)이다. 예수는 "내가 길이라"고 말하지 않고 "이슬람이 바른 길이라"고 말한다. 그는 하나님의 그 말씀(*The* Word of God)이 아니라 단순히 마리아의 몸을 통하여 기적적으로 한 아들을 임신케 한 하나님의 한 말씀(a word/decree)이다. 예수는 권위(authority)를 지닌 사람이 아니다. 그가 말하기를, "내가 너에게 말하는데 나는 알라의 한 하인에 지나지 않는다." 이슬람의 예수는 하나님의 독특한 One and Only가 아니라 여러 특별한 사도들 중의 한 사람이므로 무함마드보다 지위가 낮은 것이다.

이슬람에서 예수는 하나님의 기름부음 받은 자(Anointed One)가 아니라 단지 '메시아' 라는 알려지지 않은 이름(unknown title)을 지닌 한 선지자에 불과하다. 코란에서는, 예수가 우리 대신 그의 생명을 내어 놓은 게 아니고 유다가 예수 대신에 생명을 내어 준 것이라고 한다. 코란에서 예수는 인간을 위해 죽음을 정복하지 않았다. 단순히 피했을 뿐이다. 그는 세상 죄를 지고 가는 하나님의 어린 양이 아니라 단지 <u>세상 죄로부터 버려진 하나님의 한</u> 선지자일 뿐이다.

이슬람의 예수는 주님(Lord)이 아니다. 믿는 모든 사람에게 힘을 부여하시는 주님이 아니라 단지 이슬람의 도를 따르는 사람들에게 알라의 뜻을 선포하는 메신저일 뿐이다. 그는 우리 대신에 아버지 앞에서 **효과적으로 중보해 주시는** 대제사장이 아니라 어느 누구를 위해서도 중보해 줄 수 없는 사람으로, 사람들로 하여금 무함마드에게 가도록 설복하는 역할을 할 뿐이다. 그는 사탄의 머리를 부숴뜨리러 오는 '여자의 씨'가 아니라, 'Ahmad'(코란 61:6; 예수가 무함마드를 일컫는 호칭)에게 사람들을 주목시키는 **족보 없는 사람**일 뿐이다. 이슬람의 예수는 예루살렘에서 다윗의 보좌 가운데 세상을 통치할 '**다윗의 자손**'이 아니라 코란의 법으로 세상을 통치하고 이슬람의 설립을 완성하기 위해 돌아올 무슬림 **칼리프**(계승자, 대리인)일 뿐이다. 이슬람의 예수는 역사의 위대한 선지자들 중 한 사람으로 인식되고 존경받는다. 그러나 그는 우리 기독교인이 개인적으로 알고 있는 그분이 아니다.

이슬람에서 언급하는 예수는 아무도 도울 수 없는 존재다. 그는 보통 사람과 같이 알라의 자비에 의존한다고 한다. 무슬림의 믿음은 오로지, 홀로 인간의 죄를 용서할 수 있는 혹은 지옥의 형벌을 내릴 능력을 소유하고 있는 알라 안에 있어야 한다. 이슬람의 무슬림들은 알라의 자비를 얻기 위해서 충분한 선한 행위를 희망할 뿐이다. 그러나 거기에 진정한 보장이 있겠는가!

참고서적

Don Wismer, *The Islamic Jesus*, New York: Garland Publishing, 1977. 예수에 관한 305 페이지 참고문헌

관련서적과 기사들

Abdiyah Akbar Abdul-Haqq, *Christ in the New Testament and the Qur'an*, 1975.

Abd Al Fadi, *The Person of Christ: In the Gospel and the Our'an*, Markez Esh Shabiba, 96 pages.

Muhammad Ata ur-Rahim, *Jesus a Prophet of Islam*, Begim Aisha Bawany Wazf, 1979, 244 pages.

Eric F. F. Bishop, "The Son of Mary," an article in *The Muslim World*, pages 236–245, July 1934.

Kenneth Cragg, *Jesus and the Muslim*, George Allen & Unwin, 1985, 315 pages.

John Gilchrist, *Christ in Islam and Christianity*, Jesus To The Muslims, 1979, 40 pages. 이것은 Ahmad Deedat의 소책자 *Christ in Islam*에 대한 응답이다.

John Gilchrist, *The Titles of Jesus in the Our'an and the Bible*, Jesus To The Muslims, 1979, 27 pages.

John Gilchrist, *The Uniqueness of Jesus in the Our'an and the Bible*, Jesus To The Muslims, 1979, 32 pages.

William Goldsack, *Christ in Islam. The Testimony of the Quran to Christ*, Christian Literature Society for India, 1905; 47 pages.

Emest Hahn, *Jesus in Islam. A Christian View*, Henry Martyn Institute of Islamic Studies, 1975, 67 pages.

Leiden, "Isa," an article in *The Encyclopaedia of Islam*, edited by

E.J. Brill, 1978.

Geoffrey Parrinder, *Jesus in the Ouran*, Barnes and Noble, Inc., 1965.

Samuel M. Zwemer, *The Muslim Christ*, Oliphant, Anderson & Femer, 1912, 198 pages.

Samuel M. Zwemer, "Jesus in the Ihya of AlGhazali," by Samuel M. Zwemer; an article published in *The Muslim World* in 1917; pages 144-158.

제4장
코란과 성경

코란과 성경

_ Paul Parks

무슬림들이 코란과 성경에 대해 어떻게 생각하고 느끼는지 더 잘 이해하기 위해서 우리는 그들이 어떻게 의사소통을 하는지 이해할 필요가 있다 .

기독교인들이 믿기로는, 성경의 최상의 목적은 하나님이 성경을 통하여 인간과 의사소통하시는 것이다. 대부분의 무슬림 문화에서 의사소통은 문자형태보다는 구두로 한다. 이러한 이유로 이야기는 무슬림 세계에서 의사소통의 매우 효과적인 수단이고 민간인들에게도 매우 대중적이다.

가장 잘 알려진 이야기 중의 몇을 들어본다면 Nasreddin Khoja 선생에 관한 이야기이다. 이 이야기는 무슬림들에게 세 가지 수준에서 이해되는데 <u>익살스러운 에피소드 그 자체, 이야기의 우화 그리고 교화를 가져오는 수피교도의 깊은 의미</u>로 구분한다.

"Nasreddin Khoja and Overcrowned Bed"라고 불리는 이 이야

기는 다음과 같다.

Nasreddin는 그의 첫째 부인이 죽은 후, 이전에 역시 결혼한 적 있는 어느 여인과 재혼하게 된다. 어느 날 밤 그들이 침대에 누웠을 때 부인은 그녀의 첫 번째 남편의 미덕에 관해 이야기하기 시작했다. 그 다음에는 남편도 그의 첫 번째 아내가 얼마나 아름다웠는지에 관해 이야기를 시작하였다. 부인은 그보다 더 빨리 말할 수 있었고 대화를 주도하고 있었다. 마침내 남편이 그 아내를 발길질하여 침대 밑 마루로 넘어뜨린다.

그 다음날 부인은 남편을 법정에 오게 한다. 그녀는 남편이 그녀를 침대 바깥으로 발길질하여 차 냈다고 재판관에게 불평을 늘어놓는다. 그 재판관은 그것이 사실이냐고 남편에게 물었고 남편은 "아닙니다. 난 그렇게 하지 않았습니다."라고 대답하였다.

그는 부연 설명하였다.

"그것은 이렇게 된 것입니다. 우리는 침대에 있었는데 그녀의 친구 중의 하나가 와서 우리와 함께 침대에 있게 되었고 그다음에 나의 친구 중의 하나도 와서 침대에 같이 있게 되었습니다. 침대에 그렇게 많은 사람들이 함께하여 매우 꽉 차게 되어 그녀는 침대 바깥으로 떨어지게 되었을 뿐입니다."

이것은 익살맞은 이야기 이상의 의미가 있는 것이다. 이것은 매우 실제적인 품행, 보통 무슬림들이 간직하고 있는 품행이다: 비록 하나가 죽을지라도 2명의 사람과 결혼하는 것은 쉽지 않다!

이와 같은 이야기는 무슬림들에게 **이해하는** 것뿐만 아니라 그들에게 **느껴지는** 것임을 기독교인이 이해하는 것이 중요하다. 이 이야기는 실제적이고도 영적인 지혜는 배워지는 것임을 기억하도록 돕는다. 우리는 무슬림들이 생각과 느낌의 주제를 어떻게 보는지 살펴볼 필요가 있다.

서구에서는 한 사람의 인식능력을 사용하는 것이 진리에 도달할 수 있는 최상의 길이라고 믿도록 훈련받아 왔지만 감정과 느낌의 중요성을 경시해 왔다. 반면에 무슬림에게는 종교적 지식에 도달할 때 그의 인식능력보다는 느끼는 것이 더 중요하다. 무슬림은 다른 신자들과 모여서 코란이 노래로 불리는 것을 들으며 그리고 믿음의 위대한 역사와 전통들을 되돌아봄으로써 그의 믿음을 **경험하기**를 원하는 것이다.

기독교인은 무슬림들이 보는 코란의 중요성과 이슬람에서 코란의 중심적인 역할을 이해해야 한다. 많은 기독교인들은 무슬림들이 코란을 기독교인들이 사용하는 성경과 같이 사용한다고 생각하고 예수와 무함마드의 역할에 상통하는 것이 있다고 생각하는 실수를 범하는데 이는 올바른 가설이 아니다.

기독교인들은 예수 그리스도를 하나님의 영원한 말씀으로 보는 반면에 대부분의 무슬림들은 코란을 유일하고 영원한 하나님의 계시로 본다. 그들의 코란에 대한 느낌은 기독교인이 그의 주님(Lord)을 향한 느낌과 비슷하다.

무슬림이 코란에 관하여 무슨 생각을 하는지 알려면 다음과 같은 사실들을 이해할 필요가 있다.

무슬림들이 믿기로는 코란은 가브리엘(Jibrā' īl)를 통하여 무함마드에게 내려 보내진 것이라고 믿는다. 따라서 코란의 모든 말씀은 알라의 말씀인 것이다. 코란은 23년간에 걸쳐 아랍어로 계시되었다. 그것은 114장(sūrah) 6,236절(āyah)로 구성되었는데 1,400년 동안 보전되었다고 믿는다.

코란은 인간과 삶의 궁극적인 목표에 대해 하나님의 유일성(tawhīd), 선지자직(risālah) 그리고 죽음 이후의 삶(ākhirah)에 대한 세 주제를 갖는다. 무슬림들이 믿기로는 지상에서 그리고 내세에서의 성공적인 삶은 코란의 가르침에 얼마나 복종하느냐에 달려 있다고 믿는 것이다.

아랍어로 기록된 코란은 인간에게 내린 하나님의 마지막 계시라고 무슬림들은 믿는다. 그렇지 않으면 참람하고 하나님의 진노를 촉구하는 것이라 본다. 그들은 하나님에게 복종한다는 것은 종교적 권위들을 의문시하지 않는 것이라고 본다.

그러면 무슬림은 성경에 대해 어떻게 생각하는가? 무슬림은 그들의 신성한(holy) 책인 코란이 기독교의 신성한(Holy) 책에 대해 가르치고 있다는 것을 모른다. 코란은 성경을 아래와 같이 긍정적으로 신용한다.

- 2:87, 3:3, 그리고 4:136은 성경이 하나님으로부터 왔음을 보여 준다.
- 3:3, 5:44, 그리고 6:91은 성경이 인간을 위한 방향과 안내 그리고 빛을 갖고 있는 것을 가리킨다.
- 2:121, 3:84 그리고 42:15는 선포하기를 성경은 믿어야 하는 것이며

성경은 그것을 믿지 않는 사람들을 위협한다.

　무슬림들은 성경이 기독교인들과 유대교인들에 의해 부패되어 왔다고 크게 불평한다. 그들은 이 견해를 강력히 믿기 때문이다. 무슬림들이 느끼기로는 성경의 말씀들은 신뢰할 수 없는 것이다. 이것은 대부분의 무슬림들이 성경을 접해 보지도 않고서 그저 성경에 대한 그들의 느낌들에 관해 내놓는 구두적인 응답이다.

　그러나 코란은 무슬림들이 성경을 읽어야 하고 그 계명들에 복종해야 한다고 가르친다. 사실 코란은 진술하기를 그것의 목적은 성경을 대체하려는 것이 아니라 성경을 인증하려는 것이다. 이는 적어도 코란의 일곱 구절들(2:41, 89, 91, 101; 5:48; 6:92; 46:12)에 기록되어 있다.

　기독교인들이 읽는 성경을 읽고 싶어하는 많은 무슬림들이 세계에 있다. 그러나 그것은 그들에게는 닫혀진 책이다. 그들이 사는 곳에 없거나 그들이 이해할 수 없는 방언으로 기록되어 있는 것이다.

　무슬림에게 코란은 '느낀다' 라고 표현될 수 있다. 코란이란 단어의 의미는 'recite' 이다. 코란 낭송은 그들이 하나님과 교통할 수 있는 길이다. 코란이 큰 소리로 읽혀질 때, 언어는 듣는 사람들에게 강한 감정들을 불러일으킨다. 그 시의 운과 리듬은 사람의 감정을 깨우고 북돋우는 것이다. 무슬림은 코란의 말씀들을 들을 때 신성한 영감의 증거로 느끼며 이 감정들을 믿는다.

　무슬림은 성경에 대하여 어떻게 '느끼는가?' 그들은 아무것도 느끼지 않는다. 그것은 닫혀진 책이다. 그러나 우리는 신자로서 성경을 그들과 나누는 가운데 상황을 변화시킬 수 있다. 만일 우리가 성경을 변호하려고 노력하거나 무슬림에게 말할 때 코란을 내려놓거나 한다면 우리는 실패할 것이다. 그러나 만일 우리가 무슬림 친구로 하여금 그의 감정들이 성경에 의해 움직이도록 초대한다면 놀라운 일들이 일어날 것이다.

어떻게 이러한 일들이 일어날 수 있을까? 그에게 성경에서 발견된 이야기들을 말함으로써 특히 예수의 비유들을 말함으로써 가능하다. 이 비유들은 의사소통자가 그들에게 이해될 수 있는 표현들을 사용함으로 전달할 수 있다. 이러한 방도로 의사소통이 될 때 무슬림은 서구의 보통 기독교인보다도 예수의 비유들을 많은 다른 각도로 바라보게 될 것이다.

한 이야기의 예로 '탕자의 비유'(눅 14:11-32)를 들 수 있다. 이 이야기는 '두 잃어버린 아들들의 비유'로 불린다. 이 비유는 이야기 형식에 있어서 반항적인 어린 아들과 같은 사람들뿐만 아니라 자기 의에 찬 맏아들과 같은 사람들에게도 해당되는 것으로 명확한 복음 제시를 담고 있다. 내용을 그대로 말해도 이 이야기는 무슬림들이 하나님에 대한 몇 가지의 기본적인 사실들을 이해하고 느끼도록 도울 수 있다. 무슬림은 아래와 같은 사실들을 배울 것이다.

- 하나님은 그분을 사랑하는 사람들만이 아니라 모두를 사랑하신다.
- 하나님의 용서는 알려질 수 있다.
- 그것은 그분의 자비를 인간에게 보여 주시기 위해 값을 치르는 것이다.
- 하나님은 그분의 사랑을 단지 말로만이 아니라 행동으로 증명하여

나타내신다.

　우리는 무슬림 친구들에게 그들의 마음뿐만 아니라 감정을 움직이는 방도로 성경의 능력을 소개해야 한다. 신학을 논쟁하지 않고 예수께서 그들에게 하신 것처럼 하나님 사랑의 이야기를 그들에게 말하는 것이 필요하다.
　성경의 이야기를 얘기할 때 우리는 그들에게 하나님의 말씀-하나님의 위대한 사랑을 그들에게 계시할 말씀-을 주는 것이다.

제5장
인간의 본성과 죄

인간의 본성과 죄

_ J. Dudley Woodberry

의사들은 환자를 치료할 때, 관찰된 문제점들의 진단을 기초로 한다. 전통적으로 무슬림들은 인간의 본성문제를 다룰 때 기독교인들이 해 온 것처럼 비판적으로 진단하지 않는다. 이는 그들이 문제를 근본적으로 해결할 필요성을 느끼지 않기 때문이다.

본 연구에 있어서 우리는 먼저 인간 본성을 낙관적으로 보는 무슬림의 생각을 살펴볼 필요가 있다.

두 번째로 인간 본성에 있어서 문제의 심각성을 드러내는 출처(source)를 밝혀 볼 필요가 있다.

세 번째로 인류에 영향을 미친 아담의 실패의 여하한 적용들을 살펴보고 코란에 나타난 죄의 성격과 그 결과로서 갖게 되는 무슬림의 생각을 분석해 볼 것이다.

마지막으로, 그들의 출처(source)에 근거하여 전통적인 무슬림 해결 방도에는 인간이 필요로 하는 인도(guidance)가 충분하지 않은

점을 지적하고 그 대신에 해결책으로 인간 본성의 거룩한 변화를 위한 성경적 처방이 필요함을 제시할 것이다.

인간 본성에 대한 일반 무슬림의 진단

동부아프리카 무슬림학자 Badru Kateregga는 "무슬림들은 인간이 근본적으로 선하고 고귀한 창조물이며 타락한 존재가 아니라고 믿는다."[4]라고 기록하였다. Isma'il al-Faruqi도 이어서 "그러므로 신이 성체의 봉헌과 희생에 의해 인류를 대속해야 했다는 주장을 이슬람은 부인한다."[5]라고 부연 설명하였다.

무슬림들은 코란 30:30에 언급된 "알라께서 지으신 성품-알라께서 인류를 창조하신 성품에 따르라"에서 알라가 창조한 사람들 안에 있는 타고난 순수성의 상태(fitra)를 말하는 구절로 위의 견해를 지지한다. 무함마드에 대한 전통들(ahadīth)의 선두 편집자인 부카리(al-Bukhārī, 810-870)는 "모든 아기는 본성에 있어서 순수한 상태(fitrah)로 태어난다. 그러나 자라가면서 부모들이 그를 유대교인이나 기독교인이나 조로아스터교도로 만든다."[6]라고 말하였다.

인간 본성에 대한 이 낙관적인 관점은 아담과 이브 이야기에 대한

---

4) Badru D. Kateregga and David W. Shenk, *Islam and Christianity* (Nairobi: Uzima Press Ltd., 1980), 109.
5) Isma'il R. al-Faruqi, *Islam* (Niles, IL: Argus Communications, 1979), 10.
6) *Sahih al-Bukhari: Arabic-English*, trans. Muhammad Muhsin Khan (Beirut: Dar Al Arabia, 1985), VI, 284 (Bk. 60, chap. 230, trad. 298).

코란의 언급에서 추가적인 지지를 찾아볼 수 있다. 코란 20:115에 "실로 나는 전에 아담과 서약(covenant)을 하였으나 그가 잊었느니라. 나는 그에게서 불복하겠다는 아무런 결심도 찾지 못하였느니라."라고 언급한다.

아담은 그의 행동의 결과로 동산(paradise)에서 지상(earth)으로 내려왔지만 어떠한 대속의 필요성도 없다고 보는 것이다. 코란 2:36-37에 "너희를 위한 지상의 거할 곳과 시간이 준비되어 있노라… 그 후 아담은 그의 주님으로부터 기도의 말씀을 배웠으매, 알라는 자비로서 그에게 돌아보시니, 참으로 알라께서는 자애로우시고 자비로우시니라"고 기록되었는데 이는 '알라의 자비' 가운데 '일정 기간 동안'을 피력하는 것이다.

그 후 계속해서 알라가 인도(guidance)할 것을 약속하고 그 불에 던져질 불신자들과는 대조적으로 누구든지 그의 인도를 따르는 사람은 두려움이나 슬픔이 없을 것을 약속한다(코란 2:38-39). 그 '타락'(fallen)은 신생(new life)과 변화(transformation) 없이도 신의 인도(guidance)를 따를 수 있는 것처럼 보인다. 그들은 바울과 같이 "내 속 곧 내 육신에 선한 것이 거하지 아니하는 줄을 아노니 원함은 내게 있으나 선을 행하는 것은 없노라 내가 원하는 바 선은 행하지 아니하고 도리어 원하지 아니하는 바 악을 행하는도다"(로마서 7:18-19)라고 탄식하지 않는다. 무슬림은 똑같은 절망의 호소를 입 밖에 내지 않으면서부터 하나님의 성령의 신생(new life)에 대한 필요성(로마서 8장)도 느끼지 않게 된 것이다.

문제가 심각함을 보이는 지적들

코란은 인간의 상태를 지적하고 있다. 코란의 아담과 이브 이야기 부분에는 인간을 세상에 둬도 될 것인지에 대한 천사들의 염려가 언급되는데 그들의 염려인즉 인간은 거기에 혼란을 일으키고 피를 흘릴 것이라 보는 것이다(2:30).

둘째로, 악마는 인간들 대부분을 나쁜 길로 이끌 것을 예고하며 (15:39-40) 그의 지배하에 예속시킬 것이라(17:62) 한다.

셋째로, 코란에 있는 아담과 이브 기사의 설명들에서 아담은 알라의 금지사항을 잊어버리는 것으로 묘사되지 않고 사탄에 의해 기억이 재현되고 있다: "사탄이 그에게 악한 제안을 속삭였음이라" (20:120); "사탄이 그들에게 악마의 제안을 속삭여"(7:20). 그리고 열매(fruit)를 먹음으로 그의 주님(Lord)에게 반항하고 불복하였으므로 방황하게 되었다(20:121).

넷째로, 성경에서 아담이 하나님과 같이 선악을 알기 위해 시도한 것 같이(창세기 2:17; 3:5-6) 코란에서 그는 천사들 혹은 불멸의 신과 같이 되기를 시도함으로(코란 7:20; 20:120-121) 알라가 그에게 부여한 피조물의 형상임을 거절한다.

마지막으로, 성경에서 설명하듯 코란에서도 아담과 이브 둘 다 그들이 잘못을 행했음을 알고 수치를 느낀다(코란 7:22; 20:121; 창세기 3:7-10).

인류에 대한 아담의 실패의 적용들

핵심 질문은 아담과 이브 이야기가 인류에 대해 어떻게 적용되었는지에 관한 것이다. 무슬림 학자 Kateregga 교수는 "무슬림들은 인간은 타락한 존재가 아니라고 믿는다."라고 기록하였다. 그런데도 아담과 이브의 이야기와 인간의 상태 간의 연결을 인정하는 무슬림들도 있다.

코란 2:38은 아랍어의 복수형 "너는 모두 다(all of you) 이 낙원(paradise)으로부터 아래로 내려가라" 말함으로 낙원으로부터의 추방을 설명한다. 무슬림 주석가들은 보편적으로 코란 20:123의 "너희 둘 다(both of you) 내려가라"의 아랍어 이격 대신에 아담과 이브와 악마의 추방을 복수 형태로 적용한다.[7] 심지어 더 넓은 적용을 하는 무슬림들도 있다.

무함마드의 전통들에 대해 두 번째로 권위 있는 편집자 무슬림(Abu 'l-Husain Muslim, 817-876)은 모세가 말한 것에 관련하여 아담에 대해 "너의 죄 때문에 네가 인류를 지구로 내려오도록 조장했다."[8]라고 기록하였다. 최근 이집트인 작가 Muhammad Kamil Husain의 무슬림 관점으로 무슬림들은 "아담의 죄는 인간이 낙원으

---

7) E.g., al-Tabari, *Jami al-Bavan* (Cairo: Dar al-Ma'arif, 1332/1954), I, 535-36 in Mahmoud Ayoub, *The Our'an and Its Interpreters,* I (Albany: State University of New York Press, 1984), 84.
8) *Mishkat al-Masabih*, trans. and ed. James Robson (Lahore: Sh. Muhammad Ashraf, 1963), I, 23 (Bk I, Chap. 4, Sec. 1).

로부터 추방된 것을 포함시킨다는 것을 믿는다."[9]라고 확언하였다.

코란은 낙원으로부터 추방된 사람들 간에 불화가 있다고 선언한다: "너희 중 일부는 서로 적이 되리라"(20:123). 역사가 al-Tabarī (839-923)는 유대교로부터의 무슬림 개종자 Wahib ibn Munabbih에 의해 이 반목에 대한 언급이 포함되었는데 이는 하나님이 뱀에게 말한 것이다: "너는 아담의 자손에게 적이 되고 그의 뒤꿈치를 물 것이다. 그러나 그가 어디에서든 너를 발견하면 그는 너의 머리를 짓밟을 것이다."[10] 이는 차후 세대들에 대한 이야기의 결과들을 가리킨다. 이것은 기독교인들이 전통적으로 이해하는 창세기 3장 15절 말씀으로, 비록 사탄에 의해 상처받을지라도 예수가 그를 물리친 십자가 사건에 연루된 갈등을 언급하는 것이 분명하다.

어떤 무슬림학자들은 인간은 아담과 이브의 행위를 반복한다고 기록해 왔다. 코란에도 기록하기를 사탄은 '아담의 자녀들' 을 시험하기를 계속한다(7:27)고 하고, 무함마드 전통 여섯 정경(canonical) 수집들의 편집자들 중 한 사람인 Tirmidhī(883 사망)에 의하면 "아담은 알라와의 서약을 잊어버리고 그 실과를 먹었으며 그의 후손도 잊어버렸다; 아담은 죄를 범하였고 그의 자손도 죄를 범하였다."[11]고 하였다.

초기 역사가 Ibn Sa' d(784-845)는 무함마드를 아담, 이브와 인간

<hr>

9) "The Meaning of *Zulm* in the Qur' an," trans. and ed. Kenneth Cragg, *Muslim World,* XLIX (1959), 205.
10) *Jami al-Bavan* (Cairo, 1954 ed.), I. 524-26 in Ayoub, 83.
11) *Mishkat*, I, 31 (Bk 1, Chap. 4, Sec. 3).

결함 간의 연결에 주목시키며 이는 극히 작은 결함이지만 사람들이 결코 성공적으로 메울 수 없는 것이라고 말하였다.[12] 최근 이집트인 작가 Kamil Husain은 인간의 본성이 잘못을 저지르는 성벽을 가진 것으로까지는 말하지 않고 아담의 이야기를 인간의 상태를 상징하는 것으로, 인간들의 근본적인 본성을 다루는 것으로 보았다.[13]

모로코 출신으로 다른 현대 학자인 Uthman Yahya는 인간의 상태를 분류하기를 "그 첫째는 알라의 형상대로 창조되어진 그의 원래 성격, 원형이고, 둘째는 사람의 행위적인 상태이다."라고 구분하였다. 코란의 지지와 함께 그는 후자를 약하게 창조된(4:28), 절망적으로 원망하는(11:9), 불공정하고 매우 배은망덕한(14:34), 싸우기를 좋아하는(16:4), 포악한(96:6), 그리고 파멸하는(105:2) 자로 묘사하였다. 그리고는 그는 "만일 사람이 완전한 은총 가운데 살 수 없다면 어디에 구원이 있고 무슨 방도로 그것이 실현될 수 있을까?"[14]라고 묻는다. 여기에서 Yahya는 전통적인 무슬림의 방식으로 대답하고 있는데 이는 신의 인도하심(divine guidance)이다. 기독교인은 당연히 묻는다. "그것으로 충분합니까?"라고 말이다.

역사에 대한 코란의 관찰을 볼 때, 인간의 본성이 선하다는 견해

------

12) *Kitab al-Tabaqa al-Kabir*, I (Leiden, 1905), 11-16 in *A Reader on Islam*, ed. Arthur Jeffery ('s-Gravenhague: Mouton & Co., 1962), 190.

13) "The Story of Adam" (Qissat Adam), trans. and ed. Kenneth E. Nolin, *Muslim World*, LIV (1964), 7.

14) Man and His Perfection in Muslim Theology," *Muslim World*, XLIX (1959), 22-23.

를 거의 지지하지 않는다. 각 무리 가운데로 한 사도가 보내지나 (16:36) 저들은 모든 사도들을 하나씩 조롱하고 거절한다(15:10-11; 50:12-14). 그래서 결론 짓기를, "대부분의 사람들은 신자들이 아니다"(12:103)라고 한다. 만일 코란의 말대로 인간의 본성이 선하다면 왜 대부분의 사람들이 올바른 인도(right guidance)를 거절하느냐고 그들에게 물어보아야 마땅하지 않겠는가?

코란은 사실 문제가 더 가중함을 보여 주는데 예를 들어 요셉은 보디발 아내의 유혹을 단호하게 거절한 이후에 여전히 기록하기를, "주님께서 은총을 베푸심 이외에는 영혼이 악에 빠지기 쉽기 때문이니라"(12:53) 하며 영혼은 확실히 악에 대해 선동되는 자라고 고백한다. 이러한 고백은 Ahmad Zaki로 하여금 1956~1957년에 카이로에서 아라빅아카데미의 수학 기간에 인간의 영혼이 유전적으로 잘못될 수 있다고 하는[15] (성경적인 진단과 부합됨을 확증하는) 결론을 짓도록 이끌었다.

코란은 "만일 알라께서 인간의 잘못에 대해 벌하려 하시면 당신께서는 살아 있는 단 하나의 피조물도 그 위에 남기지 않을 것이라"(16:61)고까지 말한다. 만일 이것이 코란의 판결이라면 근본적인 해결의 필요가 거기(인간의 본성)에 없겠는가?

15) Husain, "The Meaning of *Zulm*," 205.

코란에서의 죄와 결과로서 일어나는 무슬림 생각

코란에서 죄에 대한 단어들은 성경의 히브리어나 셈어와 같은 어원을 가진다. 그것은 자주 상호교환적으로 사용되는데 이 단어들의 근본의미에 초점을 두는 대신 코란의 세계관에 얼마나 더 어울리는지 살펴본다.

성경에서와 같이 코란에서도 알라는 계약을 통하여 인간과 관련된다. 그 형태는 모세의 계약(출애굽기 20)과 같다. 거기에 하나님의 보살피심의 기초 위에(2절) 규정들(모세의 십계명)을 준수해야 한다.[16]

다음은 중요한 계약의 세 양상들이다. 첫째로 율법 뒤에는 한 인격이 있다. 성경에서의 하나님(출애굽기 20:1-2)과 같이 코란(5:7)에서 알라는 계약의 계명들을 주는 것으로 묘사된다. 그러므로 죄는 신에 대한 반역이다(7:77; 이사야 59:2).

둘째, 계약은 계시된 것(3:81-84; 출애굽기 20:1-2)으로 묘사된다. 그러므로 죄는 불신(3:86)이다.

마지막으로, 모세 계약의 형태는 율법의 기반이다. 그래서 죄는 율법을 어기는 것이다(2:29; 여호수아 7:11). 이와 같이 코란에서 말하는 죄의 이해와 성경적인 죄의 이해 간에는 유사점들이 있다. 그

---

16) 계약의 형태와 선례들에 관해서는 George E. Mendenhall, *Law and Covenant in Israel and the Ancient Near East* (reprinted from *The Biblical Archaeologist*, XVII, 1954. 26-46, 49-76) (Pittsburgh: The Biblical Colloquium, 1955), 32-34를 보라.

런데도 특히 신약성경에는 죄의 기능의 이해들에 있어서 서로 현저한 차이도 있다. 신약성경에서도 율법이 중요하게 여겨지지만(마태복음 5:17; 로마서 7:7, 20) 그것으로는 불충분하다(마태복음 5:20; 로마서 3:20; 7:18-19). 율법은 수행할 능력을 주지 않는 의를 요구한다. 이와 같이 신약성경은 코란에 힌트들과 그 해석에 있어서 나타난 우리가 보는 인간의 곤경을 묘사해 준다.

죄가 인간 본성의 문제임을 무슬림 공동체에서는 끊임없이 의식한다. 무함마드의 전승 기록자 부카리(al-Bukhārī)는 무함마드에 다음의 말을 귀결시킨다.

"사탄은 아이가 태어날 때 모든 아이를 터치한다. 마리아와 그녀의 아들을 제외하고 말이다."[17]

무함마드의 초대 전기작가는 흰 의상을 입은 두 사람이 아라비안 선지자의 심장으로부터 검은 피 한 방울을 추출해서는 그것을 깨끗이 하는 꿈을 그린다.[18] 네 군데의 정통 이슬람 수니법 학교들 중 하나의 창시자인 Ibn Hanbal(780-855)은 무함마드의 동반자들이 그에게 "우리는 우리의 마음들을 억제하는 것을 갖고 있지 않습니다."라고 고백하였는데 무함마드는 그들의 상태를 문제 삼지 않고 단지 그들을 코란에 언급하였는데 "알라께서는 어떤 영혼의 그 능력 이상으로 짐을 지우지 아니하시니라 영혼은 자신이 얻은 보상을 받을 것이

---

17) *Sahih al-Bukhari*, VI, 54 (Bk. 60, Chap. 54, Trad. 71).
18) Ibn Hisham, ed., *The Life of Muhammad:* [Ibn] Ishaq's *Sirat Rasul Allah*, trans. A. Guillaume (London: Oxford University Press, 1955), 72.

요, 자신이 초래한 벌을 받을 것이니라"(2:286)라고 고백한다.[19]

무슬림 신학과 철학에서 인간이 지닌 al-nafs al-ammara(무절제한 욕심이나 육체의 욕망을 지닌 영혼)는 그를 파멸로 이끄는 것으로 보며,[20] 근본주의(fundamentalism)의 옹호자인 Ibn Hazm(994-1064)은 인간의 영혼은 만일 그대로 내버려 둔다면 즉시 부정직으로 이끌리는 경향성이 있다고 믿었다.[21] 무슬림 신학자들 중에 가장 존경받는 al-Ghazāli(1058-1111)는 타락이 각 개인에 의해 반복된다고 믿었다.[22]

현대 시아파 사상가들과 더불어 우리는 인간본성 안에 있는 악에 대해 분명하게 의식하고 있다. 이란인 이슬람학자 Sayyed Hossein Nasr는, 모면할 길이 있다고 말하는 중에 개인의 '탐욕적인 영혼'[23](carnal soul)의 '제한된 감옥'(limited prison)에 관해 언급한다. 가장 확실한 진술들 중의 하나는 후기 이맘 호메이니에 의한 것인데,

---

19) Ibn Hanbal, No. 3071 in Kenneth Cragg and Marston Speight, *Islam From Within: Anthology of a Religion* (Belmont, CA: Wadsworth Publishing Company, 1980), 90-91.

20) H.A.R. Gibb, "The Structure of Religious Thought in Islam," *Muslim World*, XXXVIII (1948), 28.

21) R. Amaldez, "Ibn Hazm," *Encyclopaedia of Islam*, 2nd ed. (Leiden: E. J. Brill, 1960-), s.v.

22) A. J. Wensink, *La Pensée Ghazali* (Paris: Adrien-Maisonneuve, 1940), 47-49. For this reference I am indebted to an unpublished paper by Ernest Hahn, "The Unforgivable Sin" (Toronto: Fellowship of Faith for Muslims, 1982).

23) *Ideals and Realities of Islam* (London: George Allen and Unwin, 1966), 38.

1985년 국가대표직(아야톨라)에 취임한 호메이니는 "인간의 비운은 그의 탐욕적인 욕망들인데 이것은 모든 이에게 존재한다. 이것은 인간의 본성에 뿌리내려 있는 것이다."[24]라고 말하였다. 이와 같은 진단은 올바른 인도(right guidance)만을 요청하는 것이 아니라 근본적으로 인간 본성의 거룩한 변화(divine transformation)와 더불어 신생(new birth)을 요청하는 것이다.

역자의 덧붙임

다음은 독자 여러분에게 남기는 과제이다. 주변의 무슬림 친구나 이웃을 사랑하는 마음으로 다음 질문을 통하여 그들의 생각을 들어보고 대화해 보자.

"코란의 모든 선지자들은 죄가 없는가?

아담이 선지자라면 그 또한 죄를 짓지 않았단 말인가?"

이슬람은 모든 선지자들이 죄가 없다고 가르치며 아담도 죄가 없다고 본다. 무슬림은 믿기를, 아담은 죄를 지은 것이 아니라 신과의 서약을 '잊음' 으로 단지 실수(mistake)한 것이었으며 그 후에 신은 자비를 베푼 것이라 한다. 우리는 이 부분에서 인간의(원죄의) 죄성과 관련된 구속사에 대하여 창세기부터 시작되는, 선지자들을 통한 점진적 계시(Progressive Revelation)와 예수 그리스도의 성취사역

----

24) "Islamic Government Does Not Spend for its Own Grandeur," *Kayhan International* (Sept. 4, 1985), 3.

(Atonement & Redemption)에 대한 사복음서의 이야기를 진지하게
설명해 주면, 무슬림들이 인간 본성의 근본적 문제에 대해 이해하는
데 도움이 될 것이다.

제6장
종교적, 무슬림은 어떻게 사는가?

종교적 무슬림은 어떻게 사는가?

_ Phil Parshall

    나의 친구 알리 박사는 헌신적이고 도덕적이며 은혜로운 무슬림의 한 실례였다. 이 방글라데시 사람은 그의 나라에서 최고 명문 대학 철학박사(Ph.D.) 졸업생이자 하버드 대학교 방문교수라는 우수한 학문적 이력을 가졌다. 그의 전문적인 지식은 방글라데시의 정부 대학 학장으로 임명된 것을 통해서도 가히 입증되었다.

    그러나 알리는 삶을 살아가는 동안 자신의 기본 정체성을 학적 취득에 두길 원치 않았다. 오히려, 그는 그의 전 생애에 걸쳐 신 인식에 중심을 두어 온 사람으로 인정되기를 원했다. 그의 절실한 열정은 그의 존재의 모든 영역을 알라에게 복종케 하는 것이었다.

    지난 16년간 영적 순례의 길을 알리와 함께 걷게 된 것은 나의 특권이었다. 2년 반 동안 우리는 매주 평균 두 차례 만났다. 그는 나를 그의 최상의 친구로 선포했는데 그의 가족 구성원이나 나 자신을 제외한 어느 누구도 그에게 친밀감을 나타내는 개인적인 대명사를 사용하지 않았다. 한번은 알리가 나에게 다음과 같이 썼다.

"당신은 나의 형제입니다. 당신이 미국인이든 기독교 믿음을 고백하는 사람이든 상관없습니다. 당신과 나의 우정은 영원할 것입니다."

사실상 어떻게 이러한 일이 알리의 일상적 삶에 일어날 수 있단 말인가? 알리는 하루에 다섯 번 기도하는 엄격한 규정을 매일같이 준수하였다. 그 라마단 금식은 30일 동안 해가 있는 낮 시간 동안 음식과 물을 엄격히 삼가하는, 해마다 예기되는 행사이다. 알리 수입의 2.5%는 이슬람 규정에 따라 가난한 자들에게 주어졌다. 무슬림 성일(holy day)인 금요일마다 알리는 늘 예배시간에 그의 종교인들과 함께 모스크에 있었다. 다른 날들에는, 베일을 쓴 그의 부인과 그가 그들의 인력거-그들이 고용한 사람이 끄는 바퀴가 두 개 달린 수레-에 자주 앉아 있는 것이 보였는데, 그들은 환자나 가난에 찌든 사람들의 집으로 가는 길이었다. 그것은 그들의 삶이 부단히 신과 다른 사람들에게 초점이 맞춰져 있는 것을 보여 주었다. 결과적으로 알리와 그의 부인은 그 공동체에서 높이 존경을 받았다.

알리는 도덕적으로 결함이 없는 신임을 얻었다. 저명한 교육가로서 그는 여러 국가들에서 개최된 회의들에 초대를 받았다. 그는 수도 없이 내게, 매력적인 여인들이 성적으로 그를 유혹했다고 말했다. 그리고 그는 뒤이어 "나는 나의 하나님이나 나의 가족을 결코 부인할 수 없었습니다."라고 고백하였다.

이 겸손하고 지적이고 사심 없는 한 무슬림의 삶에 고의적인 죄목을 다는 것은 극단적으로 어렵다는 것을 발견하였다. 우리 둘 다 우리 자신의 서로 다른 종교적인 믿음들을 지켰다. 그리고 우리 둘 다 각자 다른 사람들이 우리의 종교로 개종하기를 갈망하였다. 결국 우리는 우리 각자가 궁극적인 진실을 발견해 온 것에 대해 충분히 만족하였다. 그러나 이것은 우리 각자를 발견하는 곳에서 거친 막다름이었다.

몇 가지 실례들이 우리의 딜레마를 더했다. 사우디아라비아에 있는 한 미국인 석유업자가 외지의 사막을 횡단하며 운전하고 있었다. 그리고 그는 갑자기, 그의 자동차 연료가 바닥 나기 전에 다음 마을에 도착할 수 없을 거라고 느꼈다. 날이 어두워지면서 진짜 당황하기 시작했다. 그 순간 그는 한 GMC 트럭이 도로 옆에 세워진 것을 보았다. 그는 자기 자동차를 트럭 옆에 대고 그의 사정을 사우디아라비아 사람인 운전사에게 설명하였다. 이윽고 두 남자는 다 트럭으로부터 연료를 빨아올릴 호스를 찾기 시작했다. 그러나 헛수고였다. 갑자기 그 사우디아라비아인은 연료탱크 가까이에 양동이를 대고 그의 칼을 꺼내더니 그것을 강철에 찔렀다. 그로 인해 가솔린의 흐름을 방출할 수 있었고 이 미국인은 그 사우디아라비아인의 희생적이고 친절한 행위가 고마워 그를 결코 잊을 수 없었다.

Jonathan과 Rosalind Goforth의 작품들은 내가 애호하는 것들 중의 하나인데, 중국 청대 의화단 사건 때 그들은 해안의 안전지대에서 필사적으로 길을 찾고 있었다. 그 길을 따라 줄곧 그들은 비무슬림 중국인에게 얻어맞고 찔렸다. 그들이 한 마을을 비틀거리며 걸어갈 때 한 거대한 군중이 그들을 둘러싼 곳에서 말이다.

Goforth는 다음과 같이 기록하고 있다.

"한 가난한 노인은 내게 그의 낡은 구두 한 짝을 주겠다고 말하면서 그것이 여태까지 신어서 거의 소모되었다고 하였습니다. 노인은 계속 말하기를 그 낡은 구두는 거친 땅으로부터 나의 발들을 지킬 수 있을 것이라 말했습니다. 여인들은 밤에 날씨가 싸늘해서 어린이들이 필요로 할 것이라며 오래된 어린이들의 외투들을 가져왔습니다."

"왜 그렇게 친절하지요?"라는 질문을 한 사람이 했을 때 상대방은 대답하기를, "우리는 무슬림들이오. 우리의 하나님은 당신의 하나님이오. 만일 우리가 당신들을 멸망시키는 일에 가담했다면 우리는 그분을 마주 대할 수 없을 것입니다."라고 하였다.

20년간 방글라데시에서 사는 동안 나는 공개적으로 광고된 X급 영화들이나 잡지들을 한 번도 이 무슬림 국가에서 보지 못했다. 내가 목격한 그 유일한 바들이나 디스코들은 고객들이 주로 외국인들인 거대한 호텔들에 있었다. 거기에는 매춘이 있었으나 그것은 매음굴이 허락된 작은 지역들에 한정되었다.

방글라데시의 두 작은 시골 마을에서 사는 8년 동안 우리는 우리 집에서 최소한의 안전을 보장받았다. 우리는 방글라데시에서 결코 어떤 식으로도 도둑을 맞아 본 적이 없었다. 그러나 마닐라로 옮긴 이후부터는 도둑을 맞았기 때문에 우리는 2중 자물쇠를 세 개의 바깥문들에 채웠고 각 방에는 동작감시 알람을 작동시켰다. 우리가 사는 블록 반쯤 되는 구역에 17명의 강도들이 침입했는데 이들은 모두 이름하기를 '기독교인들' 이었다. 만일 그들이 잡혔다면, 경찰서에서 종교인으로서 그들의 정체성을 선포했을 것이다.

무슬림들의 예배는 어떠한가? 방글라데시의 어느 지역을 방문하는 동안, 나는 시골 길을 무슬림 친구와 걷고 있었다. 우리는 이슬람 신비주의자들 한 그룹을 만났는데 그들과 짧고도 즐거운 대화를 가진 이후 나의 친구는 그들에게 우리를 위해 노래를 불러 달라고 부탁하였다. 그들은 둥그런 원을 형성하고 노래를 부르기 시작하였다. 그들 중 한 사람이 현악기 밴조 같은 악기를 연주하였고, 그들은 그 소리에 맞춰서 천천히 그리고 조용하게 노래를 불렀다. 그리고선 그 박자가 증강되었다. 목소리들은 더 높아지고 그들의 발들은 음악과 함께 움직이기 시작하였다. 어느새 군중이 모이고 얼마 안 지나 무아경의 사건이 시작되었다. 사람들은 더 가까이 몰려들었고 박수갈채를 보내기 시작하였다. 경건한 교도들의 얼굴은 하늘을 향해 있었고 손들은 올려져 있었다.

아래와 같이 불린 그 노래들은 마치 기독교 찬송가집에서 발췌한 구절 같았다.

> "오 하나님, 나를 나의 모든 죄를 용서해 주세요. 당신의 하인인 나를 항상 지켜봐 주시옵소서. 나는 길을 잃은 부족한 피조물이지만 지금 나는 온 세상의 구세주요 주님이신 당신으로부터 용서를 구합니다."

무슬림 신비주의자들의 즉흥적인 만남이라기보다는 오히려 카리스마적인 기독교 예배에 출석하고 있는 것 같은 착각을 하게 만들었다.

　그러나 한편 이슬람의 세계적인 공동체(ummah)에는 중대한 문제들이 있다. 그들 중 두 가지를 고려해 보자. 폭력과 관련된 고차원적인 문제가 있는데 이는 성전(聖戰; 지하드)의 개념이다. 확실히 그 개념에는 인간권리에 대한 무서운 침해가 내포되어 있다. 무슬림들은 영리적으로 운행하는 비행기들을 폭파시키는 것으로 알려져 왔다. 미군들로 가득 찬 막사들뿐만 아니라 세계무역센타에 대한 폭탄 투하는 방관하는 세계로 하여금 두려움과 공포로 숨을 죽이도록 만들었다. 어떻게 그와 같은 야비한 행위들이 자행될 수 있을까? 통치 주요 창조주 하나님의 이름으로 말이다.

　이슬람은 개념상으로 세계를 '우리는' 그리고 '그들은' 이라는 두 진영으로 나눈다. 그들은 폭력 사용에 대해, 그들의 동기가 단지 '그들은' 으로부터 받은 공격에 대항한 방어였다고 변명한다. 예를 들어 이슬람의 세계인 '우리는' 에 반대하는 바깥사람들 말이다. 그들의 행동들은 전적으로 방어이고 본질상 공격이 아니라고 말한다. 그들은 이스라엘 사람들과 세르비아 사람들을 대표적인 공격자들로 취급한다. Salman Rushdie 같은 사람은 무슬림들의 적으로 선포되었다. 왜냐하면 이슬람 믿음에 반대한 그의 참람한 글들 때문이었다. Rushdie가 사형을 선고받은 것은 널리 미치는 그의 영향력에 위협을 느낀 무슬림 성직자들에 의해 지시된 것이었다.

　하지만 우리 기독교인들도 그리스도의 이름으로 깨달아야 할 것이 있다. 우리의 세계적인 공동체는 우리의 종교적인 신조에 속하지 않는 다른 사람들에 반대하여 심심치 않은 부정들(injustices)을 일

삼았다. 가장 섬뜩한 예로 12세기와 13세기의 십자군들이다. 역사의 그 무시무시한 순간에 수십만의 무슬림들과 유태인들이 학살을 당하였다 무슬림과 유태인은 팔레스타인을 점유하려는 유럽 십자군들에 대항하여 그들의 고국을 지키기 위해 분투하였다. 16세기 '개혁가들' 은 종교적인 확신에 반대하는 사람들을 취급하는 데 늘 신사적인 것은 아니었다.

더 최근의 시기에, 일단의 기독교인들은 종교적인 신념에 강요당했는데 낙태시술 병원들에 폭탄을 가하고 심지어는 위반하는 의사들을 살해하도록 강요당하였다. 우리는 그와 같이 그리스도의 이름으로 자행된 무자비한 폭력행위들이 성경적인 원칙들을 벗어난 극단적 탈선이라 규탄한다. 우리의 적들을 사랑하고 공격자에게 다른 뺨을 돌리라는 성경적 원칙들에 근거하여 말이다. 이는 우리가 적그리스도인 행위들을 찬동한다는 의미가 아니다. 그것은 탄알이나 폭탄이 아니라 영적이어야 하는 '영적전투' 의 수단을 제언하는 것이다.

이상은 무슬림 소수의 극단적인 행위들에 대항하여 지나친 반응을 하지 않도록 나를 조절하는 시각에서 보인 자료들이다. 우리 기독교인들도 비슷하게 당황스러운 순간들에 직면해 있기 때문이다. 한 낙태시술 의사 살해자가 저녁뉴스에 나타나고 리포터들이 "예수님이 내게 그것을 하라고 말씀하셨다."라고 방송한다면 우리는 부끄러움으로 고개들을 떨굴 것이다. 이는 우리 주님의 이름이 그와 같은 불경적인 태도로 폭력화되는 것이기에 말이다.

대개의 무슬림은 폭력을 비방한다. 남자나 여자나 기본적으로 훌

륭한 사람들로 자라도록 양육하는 데 관심이 있다. 평화를 사랑하는 이슬람 신봉자들인 전 세계 무슬림 공동체보다 매체에 소개된 무슬림 테러리스트들 모습으로 모든 무슬림을 판단하는 것은 큰 잘못이다. 우리는 또한, 만일 무슬림들이 우리 기독교인 공동체 모두가 임신중절 합법화에 반대하는 종교적인 신념을 방어하기 위해 하나의 수단으로써 살인을 옹호한다면 크게 당황할 것이다.

두 번째로 무슬림들 간에 폭넓게 알려진 '문제'는 그들의 공동체 내에서 어떤 사람의 기독교 개종에 대한 허용을 꺼리는 것이다. 이슬람 신앙으로 돌아오도록 압박을 받아 온 사람들의 실례가 많다. 더한 극단적인 예를 들자면 개종자들은 죽임을 당하여 왔다.

사우디아라비아와 같은 어떤 나라들은 기독교인 믿음이 어떤 것이든 그 믿음의 증식을 허용하지 않는다. 그것은 밀폐된 종교적 시스템으로 가득 찬 한 나라의 경우이다. 어느 누구도 그 나라에 들어올 수 있으나 아무나 나가는 것이 허락되지는 않는 것이다.

이러한 이슬람의 일면이 나를 끝까지 실망시킨다. 그러나 무슬림 논쟁은 줄곧 이렇게 간다.

"알라는 우리에게 절대적인 진리를 줍니다. 우리는 그것의 수호자가 되어야 합니다. 만일 우리가 하나님의 영예를 보호하지 않는다면 그때 그분은 최후의 심판날에 우리를 심판하실 것입니다."

이는 알라에 의해 누가 심판받을 것인지, 무슬림들은 복수심에 불타고 변덕스러우며 격렬한 분노에 가득 찬 신을 고려하여 말하는 것이다.

이제, 이 문제에 균형을 잡고자 한다. 모든 무슬림 개종자들이 무시무시하게 죽임당하는 것은 아니다. 60년대 중반기에 2백만 명의 무슬림들이 인도네시아에서 기독교인들이 되었다. 거기에는 그들의 개종에 대해 거의 반대가 없었다. 더 최근의 시기에, 수천 명의 무슬림들이 에디오피아와 방글라데시에서 그리스도께 돌아왔다. 다른 CIS 국가들은 많은 개종자들을 얻었다. 이 무슬림 배경의 신자들 모두가 핍박을 받은 것은 결코 아니었다.

놀라운 사실이지만 아마 과거 30년간 더 많은 무슬림들이 기독교인들이 되었을 것이다. 이슬람이 이해되면서 그 어느 때보다도 말이다. 이렇게 볼 때 그 종교적 핍박의 그림이 전적으로 모진 것만은 아니다.

자, 우리에게 이 모든 것이 의미하는 것은 무엇인가? 우리는 개인들로서 혹은 한 공동체로서 그들을 공공연히 '병기'로서 가장 잔인하고 극단적인 행동을 하는 무슬림들로 판에 박아서는 안 된다. 비폭력적이고 관대한 저 대중을 보자. 그들은 대개 사랑과 친절한 행위에 친근하게 응답한다. 이 글은 무슬림 이웃이나 직장 동료와 독자의 적극적인 관계에 의해 가장 잘 증명될 것이다.

나는 지난 35년간 방글라데시와 필리핀에서 무슬림들 가운데서 사역하는 특권을 가졌고 그 가운데 받은 느낌 그대로 그 요점을 나누게 된 것이다. 그것은 풍성하고 정말 가치 있는 경험이었다고 말하고 싶다.

역자의 덧붙임

- 낙태에 관하여

이슬람에서는 낙태를 허용하지 않는다. 산아제한은 정당화될 수 있으나 낙태는 살인으로 간주되어 도덕적이든 종교적이든 여하한 경우라도 정당화될 수 없다.

- 핍박에 관하여

이슬람에서 기독교로 개종하는 것은 자신의 가족과 사회에 대한 배신으로 간주된다. 그래서 개종 후 압박을 피해 집을 떠나는 것이 통례이다. 그러나 반드시 그런 것은 아니다. 나라와 지역 그리고 환경에 따라 다르다. 어떤 지역에서는 한 가족 안에 무슬림과 기독교인이 같이 어울려 섞여 사는 것이 허다하다. 개종하는 경우 집을 떠나는 것은 꼭 압박의 이유 때문이 아니다. 이슬람은 신앙뿐만 아니라 삶의 제반방식이기에 경우에 따라서는 그 울타리의 굴레에서 벗어나는 것도 필요한 것이다.

- 무슬림의 비무슬림에 대한 태도에 관하여

이슬람은 모든 무슬림이 스스로 자신을 사제요 선교사로 생각한다. 이것은 모든 무슬림(남자든 여자든 상관없이)이 인류에게 그들의 종교인 이슬람을 전파하는 것이 의무사항이기 때문이다. 이 의무는 코란을 읽을 수 없고 이해할 수 없는 무지한 문맹인에 의해서는 이뤄질 수 없다고 보기에 코란의 가르침을 필수로 강요하는 것이 무슬림 공동체의 종교적 의무이다. 코란은 모든 삶의 기본적인 진리라고 하는, 즉 정치적, 경제적, 역사적 그리고 종교적인 철학을 다룬다. 코란을 이해하고 이슬람의 메시지를 전파하기 위해서는 모든 무슬림(남자든 여자든)은 이슬람의 믿음과 가르침을 알 뿐만 아니라 사회적, 경제적, 정치적인 그 시대의 문제들도 잘 이해해야 한다고 가르친다. 남자든 여자든 그냥 무식한 상태로 내버려 둔다면 이슬람 전파에 어려움이 될 것이라고 그들은 생각한다. 이러한 연유로 교육, 사회, 과학, 배움 그리고 문화의 증진은 무슬림의 종교적인 의무이다.

이슬람이 비무슬림들에게 전파되어야 한다면 그것은 우선 무슬림들이 비무슬림들에게 도움을 주고 친절해야 한다는 것이 분명하다. 만일 그들이 비무슬림과 멀리한다면 혹은 비무슬림을 미워한다면 혹은 비무슬림을 존경하지 않는다면 그 비무슬림은 그들의 전파에 귀 기울이지 않을 것이고 이슬람교로 돌아서지 않을 것임이 명백하다. 코란에서는 다른 종교의 신들을 능욕하거나 그들의 선지자들과 종교적인 사람들을 능욕하지 말아야 한다고 가르친다. 왜냐하면 비무슬림들이 무슬림의 하나님 혹은 선지자 혹은 무슬림의 종교인들에게도 그렇게 대하도록 허락하는 것이라 보기 때문이다.

알라의 사도 무함마드(The Holy Prophet이라 존칭되는)는 늘 비무슬림들에게 큰 존경을 보여 주었으며 그들을 매우 친절하게 대해 주었고 그들의 감정에 어떠한 해도 끼치지 않았다고 이슬람은 강조한다. 그러므로 비무슬림과의 우정과 동역은 모든 무슬림의 종교적 의무라고 이슬람의 교과서에서 가르친다. 그들이 마음의 친절함이 없이는 비무슬림을 이슬람으로 데려올 수 없기 때문이다. 모든 종교들 중에서, 이슬람은 인간의 고귀함과 평등을 철두철미하게 따른다는 표제를 내세운다. 그것은 인종이나 믿음이나 언어나 피부색에 관계없이 모든 인간을 인간답게 존경한다는 뜻이라 가르친다. 코란은 모든 무슬림으로 하여금 비무슬림들에게 공평하고 친절할 것을 명한다고 이슬람은 가르친다.

비무슬림들이 그들의 삶의 방식으로 무슬림에게 싸움을 걸어올 때, 이슬람은 공격자에 대항하여 무기를 쓰도록 허락받았다고 가르친다. 이것이 지하드의 한 일면(흔히 Holy War라고 부르는)이다. 무슬림이 뒤로 치기 전에 일단 평화의 노력들이 선행될 것이다. 그러나 만일 비무슬림이 그들의 우정 어린 제안을 경멸하면 이 성전(聖戰)이 시작된다. 그리고 전쟁 동안에는 정의와 공명정대한 행동이 그들의 시야에서 없어질 것이라고 이슬람은 가르친다.

이슬람은 그들의 교과서에서 비무슬림들에게 친근함과 친절, 선의를 보여 주어야 한다고 가르친다. 이와 같이 이슬람은 무슬림이든 비무슬림이든 가리지 않고 모두에게 정의와 공명정대한 행동을 베풀 것을 주장한다.

제7장
이슬람의 여인들

이슬람의 여인들

_ Vivienne Stacey

무슬림 여인을 만날 때 우리는 첫째로 그 여인을 한 인간으로 여겨야 하며, 둘째로 한 여성으로, 셋째로는 한 무슬림으로 간주해야 한다. 그 여인이 누구이든지 간에 그녀 스스로에 대한 인식도 매우 다를 수 있다. 많은 무슬림 여인들은 의심 없이 그들이 타고난 지위를 전혀 자의식 없이 받아들인다. 이와 같이 그들은 자신의 삶을 스스로 선택할 수 있다고 생각하지 않는다.

세계는 파키스탄의 첫 여인 수상을 어떻게 바라보는가? 이 여인 수상이 문맹인 마을에 있는 이웃 사람과 얼마나 크게 다른 건지 다음의 제시된 세 측면을 통하여 살펴볼 수 있다.

- 첫 번째 인물 단평 :
아무도 그녀의 이름을 모른다.

한 무슬림 여인이 그녀 자신의 시를 통해 다음과 같이 고백한다.

여정

내 삶의 여정은
집에서 시작하여
묘지에서 끝나지.
내 삶은 송장같이
기진하여,
나의 아버지와 형제,
남편과 아들의 어깨 위에 매여 간다네.
종교 안에 담궈지고
관습 안에 차려입혀지고
그리고는 무지의 무덤에 매장된다오.

– 파키스탄의 신드족 이슬람교도 시인 Atiya Dawood[25]

무슬림 여인이 자리에 함께 있어 그녀를 위해 기도할 때면 나는
거의 늘 그 여인의 이름을 언급한다. 내게 있어서 그것은 그 여인의
개성의 상징이기 때문이다. 그런데 대부분이 일상의 삶에서 자신의

25) Jan Goodwin, *Price of Honour: Muslim Women Lift the veil of Silence
on the Islamic World*, Little, Brown & Co, 1994, p. ix.

이름을 사용하지 않고 급기야는 전능하신 신 앞에서도 그녀의 이름을 언급하지 않는다. 그녀는 Habib의 딸이거나 Yakub의 자매 혹은 Latif의 아내이거나 Ibrahim의 어머니이다. 그녀의 이름은 Miriam이지만 그녀는 그 이름을 거의 잊어버린 것이다. 이 여인은 그녀 자신의 고유한 권리를 가진 한 사람으로 보이지 않는다.

그 여인의 나라 부인들 75%와 같이 그녀도 문맹이다. 그녀가 집안 일을 돕는 동안 그 여인의 형제들은 학교에 간다. 그녀가 가족의 남자들에 의해 압박을 받을지라도 그녀에게는 정의를 호소할 기회가 없다. 만일 그녀가 권리들을 가지고 있다면, 그 권리가 무엇이고 그것을 어떻게 획득할 수 있는지를 과연 누가 말해 주겠는가? 그녀의 나라에서는 결혼할 수 있는 최소한의 나이를 법적으로 제한하고 있지만 그것이 지켜지지 않아도 처벌은 없다.

미리암의 생활은 두려움과 미신에 의해 위압당한다. 이 여인은 그녀의 유일한 아들이 아프게 되고 죽으면 어떻게 하나 두려워하고 또 한편으로는 아이들 없이 홀로 남을까 봐 두려워한다. 아마 그녀의 남편은 두 번째 부인을 취하거나 급기야는 그녀와 이혼하게 될 것이다. 그녀는 질병을 두려워하는데 특별히 그녀가 심히 병들었는지 혹은 그렇지 않은지를 알 수 있는 방도가 없다. 그녀는 약의 도움을 얻어낼 자원들이 부족하다. 게다가 그녀가 도움을 찾아낸다 할지라도 그것은 매우 불충분한 것임에 틀림없다.

아마도 여인은 pir(노인이나 영적 선생) 혹은 'holy man'(성인)으로부터 도움을 구하기 위해 가족 성인들의 묘(사당)를 방문할 것이다. 그 'holy man'은 여인에게 그녀의 아들 목에 두르도록 부적을 줄 것이다. 그 아들이 'evil eye'의 영향들이나 혹은 시샘하는 이웃의 저주들로부터 보호받도록 말이다. 이에 여인은 답례로 병을 감당할 닭 한 마리의 헌물을 그 'holy man'에게 선사할 것이다. 이 여인은 악한 영들을 두려워하고 죽음을 두려워한다. 그녀는 그 많은 가족을 돌보는 것을 감내하는데도 좀처럼 존중받지 못한다. 그녀의 이웃 부인들 중의 일부는 남편들에 의해 지나치게 학대받고 있으며 너무 자주 두들겨 맞아서 자살까지 시도하였다.

여인들이 불에 데어 병원에 온 경우들을 보면 그들은 일반적으로 기름 스토브가 폭발하여 상해를 입은 것처럼 설명한다. 그러나 그 설명 뒤에는 더 불행한 이야기들이 많이 있다. 한 탁월한 인권 변호사는 요즈음 해마다 70명의 여인들을 그들의 공동체에서 변호사 조언자들로 행동하도록 훈련시키고 있으며 그런 학대를 경험하는 여인들을 도울 수 있도록 훈련하고 있다.

이웃나라의 상황은 더 나쁘다. 아프가니스탄 사람들은 그들의 수도를 과부들의 도시라 하여 카불(Kabul)이라고 부른다. 이 도시가 원리주의 탈레반 그룹에 넘어가고 난 다음날, 새로운 행동 조항이 모스크의 첨탑들에서 방송되었다. 여인들이 머리서부터 발끝에 이르기까지 완전히 덮어 쓰지 않고는 집 바깥으로 나가는 것이 더 이상 허용되지 않는다는 것이었다. 그들은 더 이상 집 바깥에서 일하는 것이 허용되지 않는다. 많은 여인들, 특히 과부들은 합법적인 생계의 자원을 갖고 있지 않다. 여성 교육이 또한 금지되었다. 한 선임 외과의사는 여성이라는 이유로 더 이상 그 직업에 종사할 수 없었다. 여성 의사들의 부족은 부인 건강관리를 취약한 상태로 만들었다. 물론 남성들은 여성 환자들을 치료하는 것이 금지되어 있다.

- 두 번째 인물단평 :
모두가 그녀의 이름을 안다.

Benazir Bhutto는 매우 잘 알려져 있다. 이 여인은 그녀의 아버지
에 의해 정치적 삶을 훈련받았다. 부유하고 잘 교육받은 그녀는 미
국에 있는 Radcliffe와 영국의 옥스퍼드 대학교에서 수학하였다. 배
경, 교육, 그리고 이미 언급된 그 문맹의 이웃들과 많은 차이들이 있
음에도 불구하고 이 여인 또한 영적 도움을 찾기 위해 성인의 묘(사
당)를 찾는다.
　이 여인은 그녀의 자서전에 기록하기를,[26] 그녀의 아버지는 사형
당하기 전에 그녀에게 유명한 성인 Lal Shahbaz Qalander의 사당
(shrine)에서 자기를 위해 기도해 달라고 강권했다고 한다. "나의 할
머니는 나의 아버지가 매우 아파서 거의 죽게 되었을 때 사당에 기
도하러 갔다."고도 그녀는 말하였다.

- 세 번째 인물단평 :
북미에 있는 한 아프가니스탄 난민

이 여인은 18세인데 지금 5년간 북미에 살고 있다. 그녀는 어머니

---

26) *Daughter of the East*, Mandarin, 1988, 142.

와 가족의 압박으로 마지못해 그녀의 나이보다 세 배가 많은 한 무
슬림과 결혼하기로 동의했다. 물론 그 남자는 이전부터 결혼생활을
해 왔다. 그녀는 이제 더 이상 근심 걱정 없는 그런 소녀가 아니었
다. 그녀는 쓸쓸한 여인이 된 것이다. 집을 나갈 때면 그녀는 늘 무
겁게 베일로 얼굴을 가렸다. 그리고 그 여인의 어린 누이동생들은
언니의 생활이 바뀐 것에 충격을 받는다.

무슬림 여인들은 베일에 대해 다양한 견해들을 가지고 있다. 한
여인이 말하기를, "나의 남편은 나를 너무 많이 사랑하여 그 외에는
어느 누구도 나를 보는 것을 원치 않는다." 이렇듯 보이는 제한들 못
지않게 보이지 않는 무슬림 여인들 내부의 경계들도 있다. 12세부터
사용해 온 베일을 벗어 버리는 데에는 상당한 적응이 요구되기 때문
이다.

어떻게 무슬림 눈을 통해 볼 수 있는가 그리고 어떻게 무슬림 여
인들은 생각하고 느끼는가? 한 사람이 또 다른 문화를 이해한다 할
지라도 아무도 자신의 내부에 있지 않은 믿음을 똑같이 이해할 수는
없다. 우리에게 가장 최선의 방법은 무슬림의 삶의 방식과 믿음을
우리 무슬림 친구들과 이웃들로부터 배우는 것이다. 그들과 관계를
맺고 그들을 이해하며 그들과 의사소통하는 기회들을 선용해야 하
는 것이다.

필자가 제시한 이 세 번째 인물단평은 세계 무슬림들의 약 1/3이
사는 인도 대륙에서 취한 것이다. 아랍 이슬람은 여러 면에서 아시
안 이슬람과 다르다는 것을 기억해야 한다. 이슬람은 나라에 따라
다양한 모습을 띠고 있다. 시골과 대조적인 도시, 시아파와 수니파,

자유적인 무슬림과 세속적인 혹은 원리주의자, 대다수의 무슬림들과 비교되는 소수의 무슬림들. 그래서 전형적인 이슬람은 없는 것처럼 보인다.

이렇듯 이슬람 세계는 다양하다. 그러나 한 가지 확실한 것은 하나님께서는 무슬림을 포함하여 모든 인간의 죄를 위해 대신 죽도록 예수 그리스도를 이 세상에 보내셨다는 것이다. 세계 곳곳의 기독교인들은 우정과 사랑 안에서 무슬림들에게 다가가야 한다. 예수 그리스도라는 확실한 메시지를 무슬림들과 나눔으로써 말이다.

- 심도 있는 독서를 위하여
Vivienne Stacey, *Woman in Islam*, Interserve, London, 1995, 72 pp. ISBN 0 900165 21 9.

역자의 덧붙임

대부분의 무슬림 여성은 코란과 이슬람 전통 신학에 대해 거의 모른다. 그러나 심판에 대한 주제에 대해서는 놀랍게도 잘 알고 있다. 그들은 믿기를, 죽은 자의 부활 후, 천사들이 인간들의 행위들을 기록한 책들을 각 사람에게 가져와서 선한 사람들은 우편에서 상을 줄 것이고 악한 사람들은 좌편에서 형벌을 줄 것이라 한다. 그때는 선하고 악했던 행위들이 모두 저울에 올려져 측정될 것이고 선한 행위들의 무게가 많이 나가는 사람들은 축복을 받을 것이나 그 무게가 덜 나가는 사람들은 영원히 지옥에 갈 것이라고 한다. 이 시험 이후에, 칼날보다도 예리하고 머리칼보다도 가느다란, 지옥까지 연결된 좁은 다리가 나타나는데 이 다리를 건너야 한다고 그들은 믿는다. 이 다리를 건널 때 호된 시련이 있을 것이나 천사들이 중보할 것이며 어떤 사람들은 지옥으로 떨어질 것이라 한다.

교육받은 많은 무슬림 여성들은 민속종교와 미신에 속하기를 거부한다. 그들은 기본적인 이슬람 신학을 배웠기 때문이다. 그들 중 약간은 다른 믿음들을 인식하고 있으며, 무슬림과 기독교인 간의 유사점이나 차이점들을 안다. 무슬림과 기독교인은 많은 공통적인 종교용어들을 사용하는데 이는 하나님, 인간, 죄, 뉘우침, 구원, 기도, 심판, 천국 그리고 지옥이라는 것도 들어서 그들도 대강은 안다. 그러나 이 용어들의 의미는 서로 판이하게 다르다는 것을 잘 모른다. 이 차이들은 상호 간 이해에 있어서 도움이 될 수 있고 장애가 될 수도 있다.

무슬림 여성들이 어떻게 그리스도를 통해 하나님을 알 수 있을까 질문해 본다. 물론 이것은 성령이 하시는 기적적인 일이다. 그러나 우리는 그들과 나눌 복음이 모호해지지 않도록 우리 자신을 점검해야 한다. 우리가 전하는 메시지에는 우리 문화의 유착이 있을 수 있다. 우리는 무슬림 이웃을 위해 기도하기를 게을리 할 수도 있다. 우리는 그들에게 실수했을 수도 있고 신앙심이 깊거나 무속적이거나 형식적 신앙인인데 그들을 제대로 구분 못할 때도 있다. 세속주의, 민족주의, 종교적 근본주의 등이 사회에 영향을 미치고, 무슬림은 그런 다변화 사회 속에서 살아가는 데 어려움을 갖고 이에 맞서 싸우기도 하며 한편으로는 상황화하고 재해석해 가며 적응하고 살아가고 있다. 분명한 것은, 하나님의 거룩성과 죄의 심각성에 대한 막연한 두려움을 가진 무슬림 친구들을 가슴 깊이 더 이해하려는 노력이 우리에게 필요하다.

제8장
역경에 맞서 대처하기

역경에 맞서 대처하기

_ Robert C. Douglas

한 아이가 갑작스럽게 폭력적이 되고 분명한 이유 없이 비판적이 되며 못되질 때 보통 취해지는 조치들은 별 도움이 되지 않는다. 이런 경우에 <u>당신은 무슨 조치를 취하겠는가?</u>

변덕스러운 폭풍이 지역을 강타하여 동네 가옥들을 파괴하면서 당신의 집도 무너뜨렸다면 <u>벌어진 이 일에 대해 당신은 어떤 느낌을 갖겠는가?</u>

절규하는 지역공동체의 필요에 응하는 사람으로 새로운 사업을 시작하였는데 그 노력들이 예상치 않은 화재, 도둑, 신뢰했던 종업원이 갑자기 사라지는 등의 문제로 수포로 돌아간다면 <u>당신은 이 돌아가고 있는 이 일들을 어떻게 해석하겠는가?</u>

이 타락한 세상에서 부딪히는 역경은 우리의 일상적인 삶의 한 부분이다. 질병, 홍수, 사고, 예상치 않은 불시의 죽음 이 모두는 인간이 존재하는 한 함께하는 부분이다. 이 거슬리는 상황들은 우리에게 무거운 짐을 지울 뿐만 아니라 우리의 질서, 올바르고 그릇된 것 그리고 정의의 감각에 도전을 한다. 이 역경들은 우리로 하여금 그들의 가혹한 강습으로부터 우리 자신들을 보호하는 데 애쓰도록 만든다. 그리고 이 역경들은 설명을 요구한다. 왜 이러한 상황들에 직면하게 되었는지 이유를 알기 원하는 것이 바로 인간의 속성이다. 과연 우리는 삶속에서 만나는 역경들을 어떻게 이해하기 시작했는가?

다른 종교들은 역경을 해석하는 데 다른 시스템들을 갖고 있다. 그들은 역경이 일어나지 않거나 최소화되도록 노력하는 데 다양한 책략들을 제안한다.

이슬람의 세계는 수많은 무슬림의 '종파들' 로 나눠진다. 그 종교적 그룹들 안에, 역경의 문제에 대해 다양한 접근들이 추구되었는데 민속 이슬람은 이 접근들 중의 하나로 대표적인 경우이다.

민속 이슬람은 기본적으로 정령신앙, 점성술 따위의 신비주의와 고전 이슬람의 용어들, 형태들 그리고 실천들과 이슬람 이전 시대의 미신적 관습이 뒤섞인 것이다. 그 '순' 정통 무슬림은 이 민속 이슬람을 전혀 '이슬람교' 로 보지 않는다. 하지만 12억이 넘는 이슬람 신봉자들 중에 대다수가 민속 이슬람에 의해 어느 정도는 영향을 받고 있다.

민속 이슬람은 보이지 않는 세계를 취급하는 그들의 노력들로 볼 때 표면적으로는 다른 믿음 체계들과 실천들의 주체격이라 할 수 있다. 그들은 '정규' 무슬림들보다도 다른 물음들, 접근들, 사람들 그리고 다른 장소들에 더 관심을 갖는다.

민속 이슬람과 관련된 압도적인 감정은 두려움이다. 주요한 관심은 하나님이나 영원에 대한 진리에 있는 것이 아니라 능력에 있다. 이는 보이는 세계와 보이지 않는 세계의 활동 무대들에 사람들이 연루되어 조립된 하나의 세계관이다.

그들이 세운 삶에 대한 기본적인 가설은 인간이 하나님의 세계와 동떨어진 느낌에 의해 형체가 이루어진다. 하나님은 높은 곳에 계시고 그들은 세상 여기 아래에 있는 것이다. 그들은 하나님이 멀리 동떨어져 있다고 인식할 뿐만 아니라 하나님을, 지구상에서 일어나는 매일매일의 사건들에 특별히 관심이 없거나 연루되지 않는 분으로 생각한다.

이 가설들의 결과는 삶의 압박들에 직면한 영적인 진공상태로 도움 없이 홀로 되고 희망 없어 견딜 수 없는 느낌이다. 사람들은 그들 자신들보다 더 높은 존재를 부르기에는 그러한 느낌에 빠져서 오래 인내할 수 없는 것이다.

민속 무슬림들은 이 모진 상황을 다른 방법으로 중개하는 영적세계를 창조함으로써 이 쓸쓸한 상황에 대처한다. 이슬람 이전 시대의 생각들을 빌려 옴으로 그들은 인간의 삶 가까이에 근접하여 존재하는 세력들과 존재들로 가득 찬 영역을 인정한다. 그들은 이 세력들이 여기 그리고 지금에 관심을 두고 있다는 것과 삶에 좋은 것이나 나쁜 것을 초래할 수 있다고 믿는 것이다.

그들의 믿음 체계에 있어서, 비인격적인 강력한 모든 종류의 세력들은 마술, 점성술, 운명 그리고 악한 눈이다. 이 세력들은 개인적인 영적 존재들인 천사들, 악마들, 영마(jinn), 유령들, 사도들 그리고 성인들에 의해 연합된다.

이 모든 존재들과 세력들은 삶에 영향을 주고, 차례대로 기도, 헌금, 의식들 그리고 적절한 '능력'의 단어들을 사용함을 통해 영향을 받을 수 있다. 그것은 개인에게 역경을 초래하는 혹은 그로부터 피할 방도를 제공하는 존재들과 세력들인 것이다.

이와 같은 정사들(powers)과 존재들(beings)의 배열에 대한 인식은 압도적일 수 있는데, 민속 이슬람이 다양한 기관들을 발달시킨 것과 세력들을 일정한 방향으로 이끌거나 특별한 결말을 향한 정사의 길을 열고 존재들을 능숙하게 다룰 수 있다고 주장하는 전문인들을 발달시킨 사실을 제외하고 말이다. 종교적 종사자들이 바로 주술 기록자들, 점쟁이들, 마술사, 주술사들 그리고 성인들이다. 그리고 보이지 않는 세계에 대한 지식을 가진 여러 사람들이 뒤범벅이 되어 있는 것이다. 모스크의 이맘(설교자/기도 인도자) 또한 이러한 신비적인 범주들에 가담되어 있다.

평범한 민속 무슬림들은 초월의 세계로부터 특별한 은총들, 통찰들 그리고 축복들이 필요한 때에 종종 위와 같은 사람들을 자주 방문한다. 임박한 악은 같은 전문가들에게 의뢰함으로써 피할 수 있다. 치료란 아들을 낳아야 좋은 아내가 된다는 것과 어떤 교육이나 모험적인 사업도 성공해야 얻어진다는 것이다.

전체의 진행은 불가피하게 자기 잇속만 차리는 조작(주술) 중의 하나이다. 그 세력들은 사람이 한 줄기 물을 정원에 대는 것과 같이 수로가 열려지는 것이다.

개인적인 영적 존재들은 마치 한 사람이 정치가로 하여금 어떤 '고려사항'에 대해 특별한 호의를 베풀도록 설득하는 것 같이 '매

수’ 된다. 복수가 선택된 대상들에게 파괴적인 힘이 강요될 수 있다. 악한 영들과 성난 죽은 친척들로부터의 보호는 값을 치뤄야 한다. 특별한 호의를 얻는 데 연루된 사람들 가운데에는 일들이 성사되도록 할 힘을 지닌 ‘성인들’-남성 혹은 여성-로 산 자와 죽은 자가 있다. 성지 순례로 자주 성인들의 묘소들을 찾는데 그것은 삶의 불확실성을 제어하고 사람의 욕망들을 획득하기 위한 한 수단이다.

민속 무슬림은 그들의 이러한 종류의 행동과 유일신 오직 한 분에게만 충정을 두는 고전 이슬람의 주장 간에 대립을 느끼지 않는다. 사실 민속 무슬림에게 민속 이슬람이 이슬람인 것이다. 그들에게 뚜렷한 차이는 없다.

이러한 민속 이슬람 체제의 성격은 사람들이 힘의 원천들에 반복해서 되돌아온다고 보증하는 것이다. 이와 같은 의식들로 파생된 혜택은 항상 범위와 기간에 제한된다. 즉 여하한 규정된 해결책이라도 단지 한 가지 문제에 역점을 두어 다루는데 오로지 현재에 한해서 가능한 것이다. 내일이 되면 또 새로운 응답들을 요구하는 새로운 역경들이 생길 것이다. 이렇게 그 진행 절차에는 끝이 없다. 그러나 사람들은 자신의 삶의 책임 담당자로서 존재에 대한 어떤 환영(illusionary)의 감각을 적어도 부분적으로 허락한다. 그리고 그것은 작동하는 것처럼 보이는 것이다.

이슬람의 ‘다섯 기둥들’은 신조의 고백, 기도, 구제, 금식, 그리고 성지순례인데 이는 민속 무슬림의 종교적 삶의 부분이다. 그러나 임시 참관자는 민속 무슬림들이 “There is no god but God”라고 신앙을 고백할 때 혹은 거지의 탄원에 응답하여 구제할 때 그들이 무엇을 하는지에 대해 개념이 없다.

그 관찰자의 불확실성은 민속 무슬림이 그 기둥들을 전통적인 의미로 받아들이고 고전적 의미로는 한순간에만 받아들이며, 기둥들을 힘의 마술적 수단들로 바꾸는 경향성의 결과이기 때문이다. 때때로 이 둘 다 동시에 진행될 수도 있다.

신조 "하나님 외에 다른 신은 없다(There is no god but God)."는 전통적인 이슬람에 의해 절대적 유일 신앙의 진술이 되도록 의도하는데 이는 말하는 자가 무슬림이라는 믿음의 진술과 고백을 선포하는 것이다. 이것이 이슬람에서 정통(orthodoxy)이다.

민속 무슬림의 경우에도 이 '신성한 단어들'을 정확히 그대로 사용한다. 그러나 어떤 때에는 민속 무슬림이 이 같은 단어들을 악령(jinn)의 공격들을 막아내기 위한 혹은 악한 눈으로부터 보호받기 위한 영적 방탄의 조끼로 사용할 수도 있다. 이러한 경우에는 신조의 단어들이 그들의 악한 의식에 악마를 쳐부수기 위해 도안된 마술적 처방으로 사용되는 것이다.

이 같은 양방향의 사용은 다섯 기둥들 모두에 적용되는데 이와 같이 민속 무슬림들의 종교는 주술로 국한된다.

민속 무슬림은 참으로 개개인의 비극이다. 그/그녀는 두려움의 감옥─부단히 비난받기 쉬운 약점의 세계로 영적, 감정적, 신체적인 공격─에 사로잡힌다. 그들은 위험이 매순간 모든 곳에 잠복해 있는 영역에 살며 세력에 눌려 노리개 취급을 당한다. 순간적인 말과 부주의한 관찰은 개인에게 해가 되어 부메랑처럼 되돌아오는 곳이다.

부활하셔서 승리를 거둔 주님을 따른 자들처럼 우리는 민속 무슬림의 불안정한 상황을 감지하는 데 민감해야 한다. 민속 무슬림은 그리스도 안에서 신뢰관계에 있는 우리와 완전히 대조된 곳에 서 있는 것이다.

신약성경에서는 민속 무슬림이 세상에서 치닫는 결국을 인정한다. 통치세력과 힘은 세상에 분명히 있다. 비록 이 세력들이 무슬림들이 가정하는 것처럼 광대하게 나타나지는 않아도 말이다. 우리는 그들의 기본적인 가정들을 부정할 필요는 없다. 그러나 그리스도를 따르는 자들로서 우리는 그 진리를 이미 경험하지 않았는가.

우리에게는 민속 무슬림이 그리스도 안에서 가능한 구원을 보도록 돕기를 원하는 이유들이 있다. 진실로 예수의 메시지는 좋은 소식이다. 골로새서 2장 15절에서 그리스도는 "정사와 권세를 벗어 버려 밝히 드러내셨다"고 말씀하신다.

권세와 정사는 지금 그분의 권위 아래 있다. 그분은 사로잡힌 포로를 인도해 내고 강한 자를 결박하셨다. 그분의 부활, 성령의 임재, 기도의 힘 그리고 하나님의 은사들을 통하여 우리는 그분의 은혜 가운데 승리자가 되었다. 그 성육신은 하나님이 자신을 우리 세상에 황급히 내던지신 것을 의미한다. 그분은 근처에 계시고 심지어는 가장 가까운 곳에 계시다. 왜냐하면 그분은 우리 내부에 거주하시기 때문이다. 그분은 우리의 모든 것에 관여하시며 우리의 전적인 구속에 위탁되신 분이다.

그렇다면 역경의 한가운데서도 무엇이 우리에게 축복이고 평화인가? 무엇이 민속 이슬람과 대조되는 것인가?